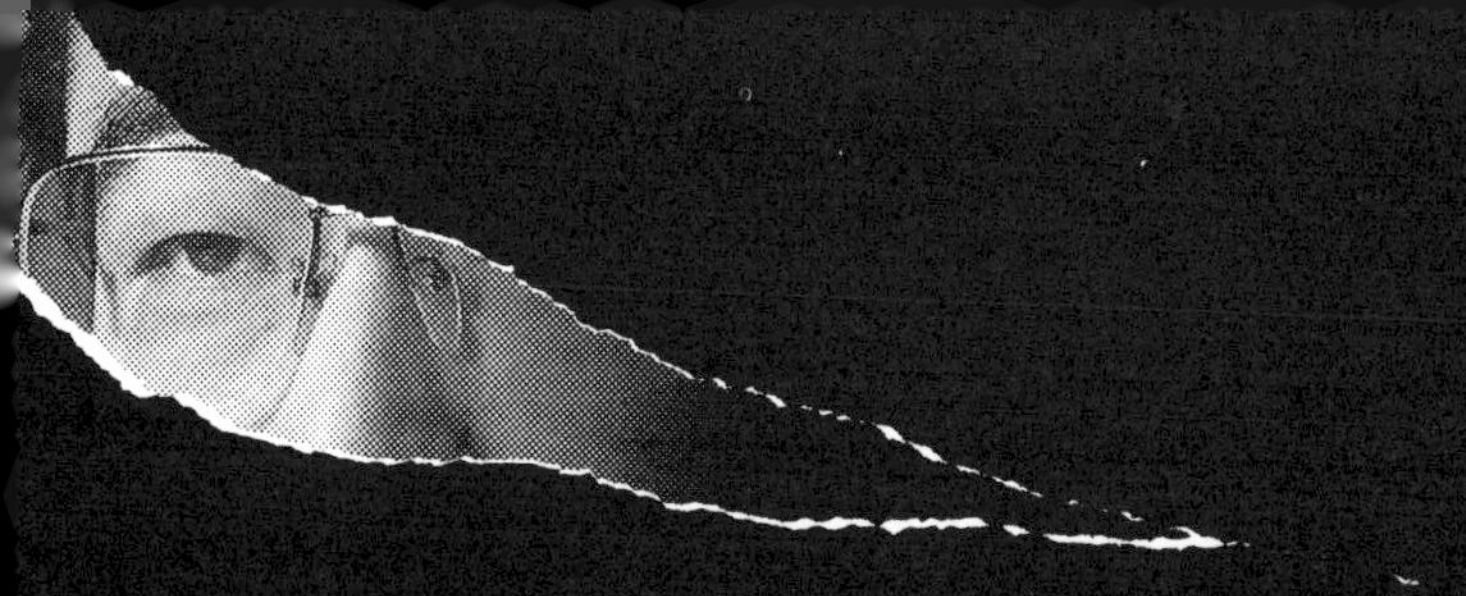

凋落

木村剛と大島健伸

TAKAHASHI Atsushi
高橋篤史

東洋経済新報社

目次◯凋落　木村剛と大島健伸

目次

装丁 米谷 豪

プロローグ

一人は、中央銀行キャリアから時の政権のブレーンにまで上り詰めた金融エリート――

もう一人は、商工ローンという辺境からのし上がった悪名高き金融アウトサイダー――

二人の人生が相まみえることなど、ほんの数年前にはおよそ想像もつかない、出来の悪いフィクションでしかなかった。しかし、世の中とは数奇なものである。二人はある種の必然に導かれるようにして互いの距離を加速度的に縮め、そして、一瞬だが激しい化学反応を引き起こし、それぞれが醜い相貌を剥き出しにして、再び異なる道を破滅へと転げ落ちていった。

学歴選抜システムのふるい分けを難なくくぐり抜けて日本銀行に入行した木村剛は、颯爽と金融の最前線を駆け抜けた。不良債権問題が日本経済を暗く覆うなか、外資系コンサルティング会社の社長へと軽快に転じていた木村は若手論客の雄として一躍台頭する。構造改革を掲げる小泉純一郎政権に招かれ、その強力な臣下である竹中平蔵の懐刀となった時、木村は頂点を極めたといえる。

かたや、まだ業界さえ確立されていなかった商工ローン事業に商機を見た大島健伸は、藁をもすがる中小零細業者から膏血《こうけつ》を絞り上げる禁断の術を発見し、自らの富を極大化させた結果、世界的な富豪の仲間入りを果たした。その商法は社会的なバッシングの的となり、国会の場でも厳しい追及の矢面に立たされることとなったが、裏返せば日本中が注目するヒールとなったこの時の大島はそれだけ押しも押されもせぬひとかどの経営者に成り上がったということでもあった。

世紀末の前後、二人がそれぞれの高みに立った領域はまったく異なり、金融におけるメインストリームとマージンという対極にあったわけだが、「失われた十年」にもがき苦しむ日本において独自の光彩を放った彼らの絶頂期だけは微妙に重なり合っていた。

それからの数年、二人の人生はそれぞれの見込み違いやある種の不可抗力によって暗転する。そして、それぞれが己ばかりの生き残りに執着した結果、異なる方角を向いていたそれらはにわかに針路を変え、短時日のうちに複雑な絡まり合いを見せた。

大島が一代で築き上げたＳＦＣＧ（旧商工ファンド）が経営破綻したのは二〇〇九年二月のことである。当時の公表額だけでも負債は三三八〇億円に上った。かつて社会から激しく指弾を受けるほどの冷酷にして強力無比な営業力を誇り、大島に莫大な富をもたらした巨大な収益マシーンは、末期ともなるや略奪の無法地帯と化し、無惨な張りぼてとして打ち捨てられた。

金融コンサルタントであったはずの木村が身の丈に余る私財を投じてのめり込んでいた日本振

興銀行は、二重に譲渡されたカラのローン債権を大量につかまされており、ＳＦＣＧ破綻の時点で自らの命脈を絶たれたも同然だった。ところが、その後、一年余りにわたって狂気の経営が繰り広げられ、やはり法律無視の暴走機関車と化した。二〇一〇年九月、預金カットを強いるペイオフが日本で初めて発動され、振興銀もついには経営が破綻し、その汚名のみを後世に残すこととなる。

長男・長女に勝る「三人目の子供」として溺愛したはずの会社から資産を掠め取っていたことが民事再生法違反（詐欺再生）などに問われた大島、そして、監督当局を敵視するほどの独善に陥り銀行法違反（検査忌避）に問われた木村――。相次いで刑事被告人の身となった二人から、最後、我々に回されてきた勘定書はずいぶんと高くつくものだった。

日本振興銀行の経営破綻から三カ月後、無惨な廃墟の後片付けに入った預金保険機構はこんな数字をとりまとめている。

それによれば、破綻直前に六四〇〇億円あったとされた日本振興銀行の資産額は親密企業群に対する資産査定を真っ当なものに是正したことなどによって三分の一の二二〇〇億円へと評価し直され、同様に六一〇〇億円とされていた負債額は覆い隠していた不都合な債務を計上した結果、八九〇〇億円へと膨らんだ。差し引きで六七〇〇億円という途方もない額の債務超過である。

ペイオフの対象となる一〇〇〇万円を超えるお金を預けていた預金者は都合三千四百二十三人を数え、その対象額は合計約一一〇億円に上るとされる。それらに対する概算払い額は元本のわずか二五パーセントにとどまるという。対象となる預金者は最終的になけなしの預金の半分以上を失うことがほぼ確実である。

そして、ペイオフの対象とならない一〇〇〇万円以下の預金五七一〇億円を保護するため、おそらく四〇〇〇億円前後の預金保険が穴埋めに充当されることになるであろう。

その原資は全国津々浦々六百近い大小金融機関から薄く広く集められる保険料である。二〇〇九年度の場合、一般預金に課せられた保険料は〇・〇八一パーセントで、預金保険機構の一般勘定にプールされた保険料は六四一一億円である。日本振興銀行の破綻処理には、年間保険料収入の六割ほどを注ぎ込まなければならない計算となる。

それらの最終負担者が何ら落ち度のない一般預金者であることは言うまでもない。

ここで仮に「振興銀・SFCG事件」と名付けることとする一連のスキャンダルは、金融史上かつてない特異なものであった。長期不況の徒花的に勃興したノンバンクの一角と、一見したところ高邁な理念を掲げて出発した新銀行とがいつしか同質化し、ありとあらゆる奸智がめぐらされた結果、それは稀に見る詐欺的な打撃を片方に与え、一方は金融当局をも敵に回して自らの失敗を糊塗しようとあがき、必要以上に惨禍ばかりが広がった。そして、それらすべてが二人の絶対権力者によりもたらされたものであったという点で事件の特異性はここに際立つ。

日本振興銀行とはすなわち木村そのものであり、SFCGとは大島そのものであった。

これから見ていく一連のスキャンダルに至るストーリーには多くの関与者が登場することになるが、言ってみればそれらは木村と大島の圧倒的な存在感を浮き立たせる背景画の一部にすぎない。日本における企業スキャンダルは、多数のか弱き関係者による意図せざる共同不法行為の予期せぬ結果であることがしばしばだが、「振興銀・SFCG事件」は木村と大島がいなければ起こり得ない性質のものであった。

SFCGの資金繰りが綱渡りの状態に陥っていた最中、大島は自らの報酬を月額二〇〇〇万円から九七〇〇万円へと大幅に引き上げている。混乱するばかりだった現場で呻吟する従業員を尻目に、倒産間際の会社からひと月に一億円近い報酬を受け取ることができる神経は並大抵の図太さではない。

しかも、のちに債権者の申し立てにより自らの破産手続き開始が決まると、大島はその取り消しを求めてこう抗弁してみせた。

「抗告人（＝大島）の報酬額は東証1部上場企業の創業かつオーナー社長としては破格に安いものであった」（カッコ内は引用者）

そして、数年前に空前の報酬を受け取った投資顧問会社の有名ファンドマネジャーを引き合いに出し、本来なら月額二億七〇〇〇万円をもらってもおかしくはなかったとの主張まで行っている。

これは大島を物語るエピソードのほんの一例にすぎない。SFCGはこうした大島の超個人主義的な独自の思考によって急成長を遂げ、そして破綻した。

金融庁による立ち入り検査が進行するなか、不都合な電子メールを隠蔽していたことがばれた木村は翌日、代表執行役社長に据えていた西野達也と行内電話で善後策についてやりとりしている。木村は西野に対して、検査官を丸め込むため、すべての電子メールをあらためて提出するよう指示を与えていた。そうすれば、過失によるものとの抗弁で乗り切れると踏んだからである。

「作業中で要はこぼれたんでしょっていう話でやるわけだよね」

木村は西野に対して、そう念押しした上でこう続けた。

「そんなすぐ（すべての電子メールが）出るのもおかしいし、そこでちょっと渡す時はよくよく考えた上で渡さないと。引っかけてくるからさ、検査忌避でね」

この物言いからは、検査官のことを、天才と謳われた自らの足下にも及ばない木っ端役人程度にしか見ていなかった木村の傲慢な姿が透けて見える。そして、これも木村を物語るエピソードのほんの一例にすぎない。日本振興銀行はこうした木村の超個人主義的な独自の思考によって破綻し、わずか六年ちょっとというその浅い業歴に比べればあまりに巨額の損失をあとに残した。

これから本書が辿ろうとするのは、二人の男がいかにして一時の成功を収め、そして、破滅したかの数十年にわたる航跡である。最後にはちょっとしたどんでん返しが待っている。その時、我々はこの時代の正体を垣間見ることができるかもしれない——。

第1章 上野アメ横の戦後

帰化

一九六五年十二月二十二日付の官報、大島健伸の名前はそこに見つけることができる。

「〇法務省告示第二千百二十八号
　左記の者の申請にかかる日本国に帰化の件は、これを許可する。」

一八九八年（明治三十一年）生まれの祖母を筆頭に一族の二十三人が朝鮮国籍から日本国籍に帰化したことを公に示すそれによると、大島の出生地は大阪府大阪市生野区大友町三丁目とあり、当時居住していた住所は東京都台東区上野四丁目とされている。

もっとも、一族の十一番目に登場する大島の氏名は「大島武義（大島健伸、丁健伸）」と記されており、当時は武義の名を正式な日本名としていたようだ。一九四八年生まれの大島はこの頃、明治大学附属中野高校に通う三年生で、多感な少年時代もそろそろ終わりに差しかかろうとしていた。

前年の秋、東京はオリンピック開催に沸いていた。所得倍増の華々しい掛け声の下、日本経済は高度成長の真っ只中にあり、一般家庭には「新・三種の神器」とも呼ばれたカラーテレビ、クーラー、自動車が急速に普及し始めていた。人々は加山雄三の大ヒット曲「君といつまでも」を口ずさみ、大河ドラマ「太閤記」でブラウン管狭しと躍動する若き日の緒形拳に興奮した。

他方、海外に目を向けると、西側世界のスーパーパワーとして空前の繁栄を謳歌していたアメリカは北爆を開始してベトナム戦争の泥沼にいよいよ嵌り込んでいた。過激な黒人指導者マルコムXが暗殺されたのもこの年である。毛沢東の気まぐれな権勢欲と階級闘争への信念がまたぞろぶり返し、竹のカーテンの向こう側にあった中国では文化大革命の嵐がにわかに吹き荒れようとしていた。

東と西、善と悪、正義と邪悪――。そんなわかりやすい二項対立的な図式では割り切れない多元主義が解き放たれようともしていた。とはいえ、経済が奇跡的な上昇気流に乗っていた戦後の日本でそんなことを気にする人などほとんどいないに等しかった。坂の上の雲を目指すような溌剌とした充実感がまだまだ巷には満ち溢れており、庶民の間には将来に向けて信じられる明るい何かがあった。

大島が帰化した一九六五年はおおよそそんな年だといえた。

官報に記された上野四丁目の住所は全国的に有名なアメ横商店街のなかでもとりわけ人通りの多いメインストリートに面した場所に位置する。JR山手線の御徒町駅を降りて、上野駅に向かってガードの西側を歩くと、すぐそこである。帰化公告が掲載されたのと同時期に刊行された住宅地図を国立国会図書館で開いてみたところ、当該住所には「かめや食料」「市川商店」「宝栄堂」と三つの店舗名が並んで記されていた。

夏の盛りの午後、相変わらず人でごった返すアメ横商店街を訪れ、目指す場所に辿り着くと、四十年以上経った街の様子は、当たり前の話ではあるが、古く黄ばんだ住宅地図とはすっかり様変わりしていた。そこにあったのはゴルフ用品店で、間口を見渡すと、おおよそ前述した三つの店舗を潰したくらいの幅がありそうだった。

大島とその家族はここでどんな暮らしぶりだったのだろうか――。

ガード上を電車が轟音を立ててひっきりなしに行き交い、商店の呼び込みが通行客の気を引こうとこれでもかとばかりに大声を張り上げている。まっすぐ歩くことさえ憚られる人混みのなか、行きつ戻りつしながら、どうしたものかとしばし考え、とある商店で気のよさそうな店員に訊くと、向かいでスパイスや豆類を扱う「大津屋」の女主人がここらでは最も古株とのことである。四十年余り前の大島家を知っているかもしれない。

あいにく不在だった大津屋の女主人を夕方になって再び訪ねると、若作りの短髪に薄手のシャツといった出で立ちの本人が店の奥からぬっと出てきた。

「マルセルの上でキャバレーをやってた大島さんじゃない？」

こちらの問いにそう答えてはくれたものの、記憶はどうにも曖昧なようだ。それまでに得ていた断片的な情報をぶつけてはみるものの、女主人の表情はどんどん曇ってゆくばかりである。

「宝栄堂は煎餅屋さんだったけど……。細かいこと言われても、もう覚えてないねぇ」

長年の呼び込みですり潰しただみ声も弱々しく、「フフフッ」と苦笑いして女主人の記憶めぐりもすぐに途切れてしまった。

しからば、話にあったマルセルである。しかし、ガード下でジーンズなど衣料品を扱うその店も代替わりして久しいようで、内装もすっかり今風に変わっており、何十年も昔のことを記憶している者などいないという。

「分からないなあ。ここを曲がったところの化粧品屋さんのおじさんが古くからいるけど……」

その言葉を頼りに化粧品屋に向かうと、男性の姿はなかったものの、店先で椅子に腰かけ、手持ちぶさたな中年女性に出くわした。

「キャバレー？　ロマンスのことかねえ？　いや、もう一つ隣の何とかって、えぇ…、ラシーヌだっけ？」

こちらもやはり記憶は不確かだ。大島の家族に直接結びつく話はかけらも出てこない。そうこうするうちに別の中年女性が加わり、話はますます混線していった。

「あそこは別の人。もう一つのあれじゃない？」

「うーん、うん…。あれはヤクザの……」

結局、あとから加わった中年女性はお手上げといった表情でこう教えてくれた。

「このへんの人は付き合いないもん。私も五十年いるけど知らないねえ。もう分かる人いないんじゃない?」

庶民の活力を凝縮したような熱気とは裏腹に人間関係は希薄——アメ横とは案外そんな街なのかもしれない。

大島とその家族のセピア色した幻影はこちらを嘲笑うかのごとくざわざわした雑踏の向こう側に遠のいていくばかりだった。


ただ、アメ横を離れて上野の街を歩き回るうちに大島とその家族の残像が、すこしだけだが、浮かんではきた。

前述した帰化公告に記された二十三人は出生地こそ日韓に分かれてばらばらだが、住所をじっと眺めていると、それは三カ所にまとまっていた。当時、一族は三つの家族に分かれて暮らしていたようだ。先にも述べたように、大島の家族は上野四丁目のアメ横商店街のメインストリート沿いにあり、総勢九人が肩を寄せ合っていた。一方、大島から見た場合の伯父家族は山手線のガードを潜り、東に歩いて数分ほど行った東上野一丁目、同じく別の叔父家族は上野四丁目内をすこしだけ西に入ったところが住所とされていた。

東上野一丁目で長年開業している薬局に飛び込んでみると、店番をしていた主婦は数十年前に見た大島の伯父やその家族のことをある程度鮮明に覚えていた。

「背の大きな人で、乗用車持ってましたよ。運転手付きで。何やってたかはよく分からないの。貿易みたいなことですかね。手広くやってたみたいですよ。韓国の人だからね。あんまり付き合いはないの。挨拶くらいでしたねえ」

そう話しつつ、主婦はこんなことを覚えていた。

「二号さんがいるみたいで、たまにしか帰って来なかったわね」

家族について覚えているのは、こんな光景だったという。

「家は三階建てくらいのビルでした。そう言えば、お婆さんがいましたね。よく奥さんと勝手口で洗濯物を干してたねえ。奥さんはきれい好きでしたよ」

伯父家族の子供たちのことも記憶にあるという。

「子供さんたちはみんな優秀なの。黒門小学校に行ってたと思いますよ」

黒門小学校は山手線の西側、上野で古くからランドマークとなってきた松坂屋がそびえ立つ上野広小路を渡ったところにある区立小学校だ。主婦によれば、近所の優秀な児童は学区内の小学校ではなく、こぞって黒門小学校に通ったのだという。地下鉄を使っての通学組もいたほどで、なかには寄宿させて通わせる親までいるほどの名門だったらしい。

大島の伯父家族が東上野一丁目に住んでいた期間は実のところ短い。

「しばらくしたらどっかに越して行っちゃって。どこ行ったかしらねえ、って」

このあとで詳述していくが、大島の伯父が東上野に居を構えていたのは帰化した翌年までのことである。大島とその家族も同じ頃、閑静な住宅街へと転居している。その時点において、一族は商売で大きな成功を収めていた。大島の伯父が運転手付きの暮らしぶりだったほどだからかなりのものである。在日コリアンとして生まれた大島は、この頃には少なくとも経済的にずいぶんと恵まれた家庭環境にあったはずである。

二〇〇九年二月にSFCG（旧商工ファンド）が経営破綻してから三カ月余りのち、大島は債権者から申し立てられる形で個人破産している。大島はそれを不服として東京地裁に抗告を申し立てるのだが、同年の六月十四日付で提出した十四ページに及ぶ陳述書で自らの出自について触れたくだりがある。

「私は、中国の唐の大丞相（総理大臣）を歴任した人物を祖先に持ち、その45代目になります。このまま身の潔白を晴らすことができないのであれば、祖先に顔向けができないばかりか、子供たちに迷惑をかけ、肩身の狭い思いをさせることになってしまいます」

この伝に従うなら、大島一族のルーツは中国人ということになるが、この話の真偽のほどはつまびらかでない。むしろ、怪しいような気がする。経済的成功を重ねる過程で大島一族には出自や経歴にすこしずつ改変を加えていった節があるからだ。

それを責める気などない。ここで気に留めておきたいのは、このような場で唐突に自らの血脈の正統性を振りかざす大島の人となりである。それを解明するために、まずは一族の足跡を可能な限り正確に押さえておく必要があるだろう。

半島から大阪へ

帰化公告によれば、大島健伸の祖母、朴夾伊は朝鮮半島南東部の慶尚南道昌原郡昌原面召界里の出身である。

召界里は対馬海峡へと通じる馬山湾に面した港町・馬山から北に七キロほど内陸に行ったところにある農村部の集落だ。東におよそ五十キロ行けば大都会の釜山へと至る。

祖母の夾伊が生まれた三年前には下関条約が結ばれて日清戦争が終結し、旧宗主国である清にかわり、朝鮮半島に対する日本の影響力がじわりと強まっていた。

馬山には日清戦争終結の四年後に共同租界が設置された。が、間もなくして、日本とロシアが単独での租界設定に動いた。海軍基地に適した馬山は知られざる日露対立の最前線でもあった。

日本とロシアが戦端を開いたのは一九〇四年（明治三十七年）の二月。二〇三高地の激戦や奉天会戦、そして日本海海戦を経て日本側有利の情況下でポーツマス条約が結ばれたのは翌年九月のことである。

日本政府は朝鮮半島への支配を急速に強めた。日露戦争終結から二カ月後、第二次日韓協約が結ばれる。これにより、日本は韓国を事実上の保護国としたのである。その年の末、日本政府は漢城（ソウル）に韓国統監府を設置、初代統監には維新の功労者である伊藤博文が就任する。それから五年を経た一九一〇年（明治四十三年）八月、日本は韓国併合へと突き進む。韓国統監府の機能は朝鮮総督府に引き継がれ、日本政府による植民地支配はその後三十五年にわたって続くこととなる。

大島の祖母が生まれた召界里の近くに鉄道が通ったのは日露戦争が終結して間もなくのことである。ソウルと釜山を結ぶ京釜線から枝分かれする馬山線が敷設に向け本格的に動き出したのは日露開戦の年だ。当初は民間会社が計画したものだったが、日本陸軍に設置された臨時軍用鉄道監部が工事を引き継ぎ、日露戦争終結後の十二月に完成させた。山陽汽船が隔日運航で下関と釜山を結ぶ関釜連絡船を就航させたのはその三カ月前、ポーツマス条約締結から約一週間後のことだった。

大島の祖母が物心ついた頃には、韓国の農村部と日本とは鉄路と海路とによって一本に結ばれていたことになる。

試みに一九二五年（大正十四年）の時刻表を紐解くと、馬山から京釜線に接続する三浪津には毎日五本の列車が走っていた。早朝五時五十分の列車に乗れば、三浪津着は午前七時二十分。長春発東京行きの急行列車は三浪津を午前八時二十分に出て、釜山には同九時半に着く。釜山から下関への連絡船は午前と午後に一便ずつあり、午前十時半の便に乗れば、下関着は夕方六時半である。

一九二四年（大正十三年）に朝鮮総督府が発行した地図を見ると、召界里から最も近い都会である馬山には至る所、日本が溢れていた。街区は榮町や曙町といった日本風の町名で統一され、旧市街の中心には朝鮮殖産銀行の支店が置かれ、南に開かれた新市街の郊外には馬山神社があった。憲兵分遣所や重砲兵大隊も進駐していたから、地元住民は列強入りした近代日本の軍靴の音も身近に感じさせられたにちがいない。馬山の東にある鎮海は天然の良港であり、海軍の根拠地も築かれていた。

大島の祖母である夾伊には五人の男子がいた。夫については帰化時点で他界していたためか、官報には記載がない。「省線（鉄道省の経営で国鉄の前身）に勤めていて、大酒飲みだった」との話も伝わるが、詳しい人となりは今となっては知る術がない。確実なのは丁姓だったということくらいだ。五人の男子がいずれもそう名乗っているからである。兄弟は上から順に榮玉、順玉、潤玉、相玉、聖玉といった。

長男の榮玉が生まれたのは一九二一年（大正十年）のことである。東上野の自宅から運転手付きの乗用車で出かけるところが目撃されていた背の高い男性がその人である。六年後には二男の順玉が生まれる。この人こそが大島健伸の父にあたる。ちなみに大島の母、梨正玉も同じく慶尚南道の出身で、生まれたのは順玉よりも一年早かった。

大島一族がいつ頃、いかにして来日したのかはよく分からない。ただ、帰化公告の出生地をそのまま信じるならば、一九二七年（昭和二年）の末から一九三〇年（昭和五年）の初めにかけてのどこかの時点で日本にやって来たはずである。なぜなら、五人兄弟のうち三男の潤玉以下は大阪市生野区生まれとされているからだ。となれば、大島の祖父母が、まだ幼かった大島の父や伯父を連れて、何らかの理由で海峡を渡ったことになる。

この時期、中国東北部では張作霖爆殺事件が起き、関東軍による満州支配がにわかに暴走を始めていた。日本国内では共産党に対する弾圧が強まっている。そして、ニューヨークの株価は暴落、世界恐慌が大きく渦を巻き始めていた。のちの大戦へと続く暗い時代がやって来ようとしていた。

ただ、大島一族の来日をめぐってはそれと異なる説もある。成年となった榮玉が単身来日し、日本での生活基盤を築いたのちに一族を呼び寄せたというのが他方のストーリーだ。少なくとも榮玉は家族に対し、そう語っていたようである。榮玉は最初、名古屋で鶏の雌雄を見分ける仕事にありつき、その後、大阪に移り住んだとされる。となれば、一族の来日はもっと時代が下った戦中の頃だったはずだ。仮にこちらが正しいとすれば、帰化公告の記載には誤りが含まれていることになる。


「ああ、大島さん？　そこです」

一方通行の狭い路地の端で世間話に興じる老婆二人に、かつて大島一族が住んでいた家を尋ねると、白髪で腰がすっかり折れ曲がり、乳母車を杖代わりにしている一人がためらうことなく向かいの家を指さした。

古い民家が軒を接して密集する住宅街。ところどころに家内工業を営む町工場がある。ふと見ると道の脇には小型のフォークリフトが放置されていた。老婆が指さした民家は一階部分が車庫になっており、どこか場違いな白い高級車が窮屈そうに納まっていた。

大島一族が日本での生活基盤を築いた大阪市生野区大友町は現在、小路東と町名を変えている。南北に走る幹線道路から東に入ると、細かく碁盤の目に整えられた街並みが広がる。日本有数の人口密集地でもある。

「終戦後すぐ東京に行っちゃって、私らもどうしたかな、思ってたんです。何をやってたか？さあ、お金持ちでしたよ」

すこし韓国語のイントネーションを感じさせる老婆は中空を見つめながらそう語った。

『大阪韓国人百年史』によると、日韓併合直後の一九一一年（明治四十四年）に摂津紡績木津工場が朝鮮人労働者の雇用を開始したことで、半島から大阪地区への移住が本格化したという。その四年後、日本に移住した朝鮮人労働者は三千八百八十八人で、そのうち大阪地区には三百九十九人がやって来た。戦時色が強まった一九三四年（昭和九年）になると、その数は同様に、五十三万七千五百二十六人、十七万一千百六十人へと跳ね上がっている。

多くの人々が仕事を求めて半島から大阪へやって来たが、なかでも生野区は朝鮮人労働者の一大集住地区として知られた。前掲の『百年史』によると、区の南北を貫く生野川（現平野川）の改修工事に多くの人々が徴用され、「1942年前後には約20万人の同胞が生野区を中心に居住していた」という。一九五三年発行の『生野区誌』は「当区の外国人数は今更言う迄もなく、国内的にも有名であって大阪市二十二区中随一でもある」と記述している。同区誌によれば、その頃、生野区の特産品はレンズや歯ブラシだったそうである。

生野区の西端に位置し、近鉄大阪線とJR大阪環状線が交差する鶴橋は現在、焼き肉の町としてとみに有名だ。他方、大島一族が移り住んだ大友町は生野区のなかでは鶴橋と反対側の東端に位置する。かつては農地が広がり、耕地整理事業が実施されるとともに宅地化が進んだ。北西にすこし行けば、そこには今里新地があった。太平洋戦争が始まる前には五百四十軒もの置屋が軒を連ね、三千人を数える芸妓が妖艶に脂粉の香を漂わせていた関西有数の遊郭だった。

老婆が指さしたその場所にかつて大島一族の十人余りが暮らしていたことを想像しようにも、手がかりはあまりに少ない。このあたりは戦災に遭うこともなかったようだが、昔を知る人間はほかにもういないという。古い不動産登記簿を調べてはみたが、該当場所の土地所有者は代々家督相続してきた市内旧東区の別人で、大島一族の名前を見つけることはできなかった。「お金持ちでしたよ」と語った老婆の証言を裏付ける客観的な事実は得ることができない。住まいがあった場所から想像をめぐらすに、むしろ質素な暮らしぶりだったことが窺われる。

これまで何度か見てきた帰化公告を頼りにすれば、朝鮮半島から渡ってきた朴夾伊はこの場所で三男の潤玉以下三人の男子を産み育て、長男の榮玉は成人となり七歳年下の崔外仙との間に長女をもうけ、そして、二男の順玉は終戦から三年後に梨正玉との間に長男の丁健伸、つまりはのちに我々が知ることとなる大島健伸を授かっている。

わずか百年足らずではあるが、一つの家族の歴史を遡ることは思った以上に難しい。確実に言えることがあるとするなら、それは故郷を離れた一族が、同胞が多く移り住む大阪の地で「大島」という日本名を選び、血を通わせた者同士が肩を寄せ合って懸命に生きていくことを決めたという、ごく慎ましやかな事実くらいである。

大島旅館

一九四五年八月十五日、日本はポツダム宣言を受諾して敗戦国となった。それを機に二百万人近くに上っていた在日朝鮮人の間では祖国へと帰還する巨大な奔流が生まれた。佐世保や博多、舞鶴、函館、大阪の各港は帰国希望者で溢れかえった。大阪地区には五十万人余りが殺到し、大阪港の弁天埠頭や堺港の周辺では船待ちをする人々が仮住まいのバラック小屋を建てて、さながら難民キャンプのような様相を呈していたとされる。

こうした混乱に憂慮を抱いた連合国軍最高司令官総司令部(GHQ)は、日本政府に対し、計画的な送還を実施するよう指令を出す。外地からの引揚者とともに朝鮮半島や中国・台湾などへの送還者を処理するため、厚生省は各地方に引揚援護局(のちに引揚援護院)を設置し、舞鶴や下関、仙崎、博多などを送還可能港湾に指定した。

敗戦二カ月後の十月二十三日付で日本政府の終戦連絡中央事務局がGHQに対して報告した内容によると、その時点ですでに祖国へと引き揚げた朝鮮人は十三万人、また、朝鮮への輸送を待つ人々は八十四万人に上り、さらに帰還を望む人々が百四万人も控えていた。これに対して日本政府が確保できる使役可能船舶は「興安丸」など十一隻。それらの収容能力は二万一千五百人、一日平均輸送能力は六千人だった。青森・東京・名古屋からは下関・博多に向かう特別列車が仕立てられ、ピストン輸送が予定された。

ＧＨＱへの報告から二日後、日本政府は帰還希望者に計画輸送証明書の発行を開始し、これにより計画的な送還が始まることとなる。

送還は復員軍人・軍属や国民徴用令によって強制的に連れてこられた人々から優先的に行われた。上陸用舟艇など軍用艦船も投入し、終戦の年の暮れまでに約六十二万人が祖国に帰還したとされている。ただ、自発的に日本へやって来た朝鮮人の間では対応が分かれた。すでに日本で生活の基盤がある以上、そう簡単に祖国へ帰るわけにもいかなかったからである。しかも朝鮮半島は北緯三十八度線の南北で分断されており、帰るべき国の将来がどうなるかも見通せない情況にあった。

翌一九四六年になって送還のペースが極端に落ちると、ＧＨＱは帰国を促す姿勢を強めた。そして、「在日朝鮮人、中国人、台湾人、琉球人の登録に関する覚書」を発し、祖国への帰国希望者を市区町村に登録させる制度の実施を日本政府に命じた。同年三月十八日付で行われた帰国希望調査によると、朝鮮人の帰国希望者は五十一万人余り。これに基づき四月から計画送還が始まる。東京の場合、品川駅から毎日のように帰還列車が西に向けて出発し、送還は九月一杯までに終わるものとされた。

しかし、結局、この計画送還は大幅な未達に終わる。その年の末までに帰還したのは帰国希望登録者のうち約十一万人にとどまったのである。こうして五十万人余りの朝鮮人が「在日」として日本に残留する道を選択した。
大島一族もそのなかにいた。

祖国へ帰還する奔流とは別に日本国内では在日コリアンの組織化が進んでいた。大阪では玉音放送の九日後に早くも「在日居留高麗人中央協議会」が結成され、大島一族が住む生野区にも「在留朝鮮対策懇談会」ができるなど、各地で組織が立ち上げられた。全国各地の代表者約三千人が東京の日比谷公会堂に参集し、「在日本朝鮮人連盟」（朝連）が結成されたのは十月十五日のことである。

ただ、直後から朝連では左右の路線対立が始まった。執行部が左傾化を強めるのに反発し、右派は十一月になって東京・田村町の飛行会館に集まり、「朝鮮建国促進青年同盟」（建青）の結成に動く。これに対し左派は「親日派、民族反逆者追放大会」を全国で開くよう指令を出し、さらには保安隊を結成して神田神保町にあった建青中央本部を襲撃するなど、左右の武力闘争が激化した。翌一九四六年一月、右派は新たに「新朝鮮建設同盟」（建同）を設立する。そして、同年十月、建青と建同が合流する形で「在日本朝鮮居留民団」（民団、現在の在日本大韓民国民団）を結成、左右分裂は決定的となったのである。

大阪でも左右両派の激突は熾烈を極めた。一九四六年二月、右派は生野区一条通の「日の丸映画館」に約百人を集め、建青大阪本部を結成しようとした。そこに朝連保安隊の約百人が来襲、会場を取り囲んだ末、ついには両者の間で乱闘が始まった。最後はＧＨＱの憲兵隊が出動するほどの騒ぎになったという。翌年一月に開かれた民団生野支部の結成大会でも朝連保安隊がなだれ込む騒ぎが発生している。

のちに阪神教育闘争が起きるなど、関西では左派勢力が強かった。大島一族が暮らす地区はとりわけその傾向が顕著だったようだ。右派の民団は大阪市生野区に支部を結成し、大友町にも分団を設置したが、前掲の『百年史』は「朝鮮総連組織が圧倒的に優勢な地区であったため、活動もままならず、大友分団は久しく有名無実化していた」と記述している。GHQにより左傾化が危険視された朝連は一九四九年に解散命令を受けることになるが、その六年後に左派が結成したのが現在に続く「在日本朝鮮人総聯合会」（総連）だった。

在日コリアン社会で左右両派の闘争が激化する政治の季節に背を向けるようにして、戦後、大島一族は東を目指した。

今で言うところの上野アメ横の一帯はその頃、焼け野原だった。一九四五年二月二十五日、米軍の爆撃機約百七十機が来襲し、八万発近い焼夷弾が降り注ぎ、当時の下谷区内では二千五百戸以上が全焼するか大方破壊された。御徒町駅から上野駅にかけてはもともと民家が立ち並んでいたが、戦略爆撃で目標となる変電所が近くにあったため住民は早くから疎開を余儀なくされていた。空襲であたり一面が焼け野原となってからは、所有者がロープで土地を囲い、立て札を目印にするなどした。しかし、やがて外からやって来た人間が住みつくようになり、ほとんど無秩序状態に置かれたという。

そうして戦後に生まれたのが闇市だった。交通の起点である上野には各地から物資を求める人々が押し寄せた。売り手には関西からの上京組が多く、そこに朝鮮人や中国人の姿も混じっていた。日用品は飛ぶように売れ、人々は湯気を立てる「ネギ汁」や「残飯シチュー」で空腹を満たした。

一方で、闇市にはヤクザや愚連隊が利権を求めてなだれ込み、白昼から銃声が鳴り響いた。アウトローによる秩序が幅を利かせる世界である。なかでも東京で勇名を轟かせたのが関東尾津組組長の尾津喜之助だった。「その縄張りは新宿一円を中心として四谷、牛込、世田ヶ谷、中野、及び杉並一帯に及ぶ」（一九四八年五月十八日の参議院司法委員会）ともされた大親分である。尾津は敗戦五日後に「光は新宿より」のスローガンを掲げていち早く闇市を立ち上げた。さらに「東京露店商同業組合」を組織するが、それは警察の指導で発足したともされる。石橋湛山の選挙運動を末端で支援したことがある尾津は自ら総選挙に打って出たこともある。その際には自由党の首脳部から熱心な勧誘があったほどの実力者だった。

一九四七年七月、その尾津が強要罪などで東京地検に起訴されるという事件が起きた。しかし、この時、尾津の勾留は突如二カ月後に執行停止となっている。尾津による政官界への影響力すら連想させる異例の事態にＧＨＱも関心を示さざるを得なかった。「最高司令部においては、尾津事件及びこれに類する事件は日本における民主主義の達成を阻むもの」（同）と考えたのである。この件は最高裁による調査を経て、国会に証人を呼んでの真相究明が行われるほどの大事に発展している。

上野の闇市は鍋島一家や西尾組、それに破れ傘一家が仕切っていたが、尾津の影響力も及んでいた。一九四六年五月には尾津ら四親分が華僑や朝鮮人の連合会を訪れ、闇市での自制を求める申し入れをしている。これと同時期、当局のほうでも闇市の正常化に向けた動きが始まる。下谷区長と上野警察署長が、その仕掛け人とされる。当局が治安回復のため派遣する官製ボスとして白羽の矢を立てたのは、上野に近い湯島で自動車修理工場を営んでいた近藤広吉という人物だった。

当局がその無秩序ぶりを特に問題視したのは山手線と不忍池の間にある「三角地帯」と呼ばれる場所であった。近藤は当局の威光を背に、そこにあった闇市を一掃して「近藤産業マーケット」を建設し、一コマ一坪半の店舗を権利金一万八〇〇〇円で貸し出す商売を始めた。この時、締め出された朝鮮人は山手線の反対側、東上野二丁目あたりに移り住み、「国際親善マーケット」、現在の「キムチ横町」を形作ることとなる。

近藤産業マーケットは一九四九年の暮れに炬燵の火の不始末で全焼する騒ぎに見舞われるが、のちのちまでトラブルをめぐる不審火との噂が絶えなかった。強引な手法も辞さない近藤は、いつしか「アメ横の帝王」と呼ばれるようになっていた。

大島一族が大阪から上京した正確な時期は定かでない。しかし、上野の地で最初に土地を取得した日付ははっきりしている。

大島健伸の伯父である丁榮玉が上野三丁目の土地を前の地権者から売買により取得したのは一九四八年一月二十八日のことである。当局の肝煎りで地域のシンボルとなっていた近藤産業マーケットからは大きく一ブロックを隔てた南、松坂屋の裏手あたりで、路面電車が走る表通りにほど近い比較的立地のよい場所だった。

榮玉は半年後の七月十二日、長者町（現在の上野三丁目）にも土地を求めた。こちらはさらにもうすこし南に行ったところで、明治の頃には荒物屋や古道具屋が並び、「貧乏をしても下谷の長者町／上野のかねのうなるを聞く」との狂歌も残るどことなく裏寂れた場所だった。不動産登記簿を見ると、戦中に家督相続された土地を、終戦から二年後に埼玉県川越市内の個人が買い受け、さらに半年余りのちに榮玉が買い取った形になっている。

当時まだ二十六、七歳の若造だった榮玉がいかにして土地の取得資金を用立てたのかは分からないが、すでにこの頃には家族の大黒柱となっていたことはまちがいない。土地取得から二年後の一九五〇年二月七日には長者町において資本金一〇〇万円で「有限会社大島旅館」が設立されている。榮玉は大島正秀の名で代表取締役となり、大島の父である順玉は大島正成の名で取締役に就任している。

大島旅館は『台東区商工名鑑』にも記載されていたから人様に堂々と顔向けできる正業だったはずである。ところが、設立からわずか二年後、有限会社大島旅館は社員総会の決議により解散してしまっている。その理由は商業法人登記簿のどこにも記載されてはいない。ただ、背景事情を察することはできる。

解散決議から二カ月半後の四月十六日付の大手新聞朝刊に横浜発のこんな記事が掲載されている。『読売新聞』は「放出品一億円横流し／37名検挙」との三段見出しを掲げ、『朝日新聞』もベタ記事で「ドル買い送検／一味三十七名」と報じた。都内で「広東貿易公司」なる会社を経営する中国人と思しき社長らが横浜港を中心に闇ドルを買い漁り、それを使って大量に指定生活物資を買い付けてブローカーらを通じ飲食店に横流ししていたというのが事件のあらましである。摘発したのは横浜市警捜査二課だった。

この大捕物で「ヤミ取引相手」二十五人のうちの一人として、検挙者のなかに名前が挙がっていたのが、「大島正秀こと丁栄玉」だった。記事では肩書について、『読売』が「旅館業」としている一方、『朝日』は「キャバレー経営」と書いている。大島一族はこの頃、旅館だけでなく松坂屋裏に取得した土地でキャバレーも始めていたものとみられる。

適用法令の一つである臨時物資調整法は終戦直後にできた法律で、実はその年の四月一日付で失効していた。ただし、この件に関する違反行為はその年三月までに行われていたため、大島の伯父はあえなく検挙となったようだ。『読売』記事には横流し物資がこれでもかというくらいに詳しく書かれている。砂糖七千九百七十九袋、小麦粉七千七百九十九袋、コーヒー・ココア六百十五箱、石鹸四百箱、イースト百箱、干しぶどう二千六百箱、ガム七百十七箱、チョコレート七百七十九箱、キャンデー千六百七十七箱といった具合である。

とにかくモノがない時代だった。大島一族はそうした情況の下、懸命に生き抜こうとしていたにちがいない。検挙の記事はむしろそうした一族のひたむきな勤労風景を今に伝えているような気さえする。

朝鮮半島では三十八度線の南に大韓民国が建国され、すかさず北には朝鮮民主主義人民共和国（北朝鮮）が打ち立てられていた。一九五〇年六月、ソ連の後押しを受けた北朝鮮軍は三十八度線を南下、朝鮮戦争が勃発する。上野の闇市にはアメリカ軍の物資が流れ込み始め、やがて一帯は「アメ横」と呼ばれるようになる。特需に沸く日本経済は戦災復興を終え、ようやくテイクオフしようとしていた。

上野にゴールデン香港あり

現在は東京・麹町で財団法人の事務局長を務める高田勉が「大島商事」に入社したのは今から四十年余り前のことである。それまで個人営業だった大島一族によるファミリービジネスが再び法人化されたのは一九六六年四月のことだった。一族の二十三人が日本に帰化した五カ月後にあたる。

上野三丁目（旧長者町）で旅館業を続けるかたわら、大島一族は松坂屋裏手の通り一本隔てた場所を買い増しして、地下一階地上六階建ての近代的なビルを建設していた。キャバレーのほかパチンコ店や喫茶店などにも商売の手は広げられていた。上野ではほかに池之端にもビルを持ち、さらに鶯谷でもキャバレーを営業して、最盛期には二百人以上の従業員を抱え、社員寮まで備えるほどだった。

高田が大島商事に入社したのはひょんなことがきっかけだ。学校に通って身につけた簿記の知識を生かすことができて給料がいい就職先はないか。新聞の求人広告を見ると、条件を満たすのはほとんどが飲食業だった。高田はまず新宿の飲食店に勤めた。そうこうするうち知り合いから声がかかる。紹介されたのが上野にある大島商事だった。知り合いはそこのキャバレーでボーイをしていた。

「それで入ったらあとで在日がやってる会社だと分かったんだよ。自分はぜんぜん気にしなかったけどね。入社したら国税の査察のあとだった。〝法人成り〟した時の調査だよ。しばらくは事務所に行かず（国税）局にばかり行ってたね（笑）」

あっけらかんとそう話す高田によると、当時の大島商事は五人兄弟による共同経営のような形をとっていたという。

会社全般を取り仕切るのは上の二人だ。長男の正秀はその頃、正光と名を改め、二男の正成、つまり大島健伸の父は正義を名乗るようになっていた。三男の正久は靴の小売店、四男の正夫は経理、そして五男の正行は芸能部を担当していた。

大島商事の株式は形式上、五人が一万二千株ずつを保有する形だったが、兄弟の上下関係は厳しかった。一番上の正光と末の正行の間では十六も年が離れていた。経営面では正光と正義の意向が強く働き、下の二人に至っては端から見ていても口答えできるような雰囲気になかったという。

松坂屋裏のビルは五階が役員フロアとなっていた。個室を持っていたのは正光、正義、正久の三人である。最上階である六階は事務所にあてられており、正夫と正行はそこで一般社員と机を並べていた。ビルの四階には芸能部が入り、二階と三階がキャバレー、一階はパチンコ店だった。さらに地下一階では喫茶店を営業していた。

三男の正久が担当する「ＢＯＸ靴店」はアメ横と上野中通りの二カ所に店舗があった。冒頭の帰化公告で大島の家族と叔父家族が住所としていたのは、そこのことだと思われる。のちに靴店はゴルフ会員権を販売する店舗へと衣替えしている。

他方、芸能部はもともとキャバレーのホステスや出演歌手の管理部門として始めたものだった。そこから次第に手を広げ、大島商事と同時に兄弟は「大島プロダクション」も立ち上げている。デビュー曲の『雨』が大ヒットした三善英史も所属歌手の一人だった。ただ、その後は人気歌手に恵まれず業容は尻すぼみで、大島プロは一九八二年頃にひっそりと営業を休止している。

知人に誘われた高田が入社した頃の大島商事が稼ぎ頭としていたのは、なんと言ってもキャバレー経営だった。

「当時は銀座に『クラウン』あり、上野に『ゴールデン香港』ありと言われたもんだよ」

高田がそう誇らしげに話すゴールデン香港は、都内有名店の興亡を綴った『昭和キャバレー秘史』の巻末に付けられた年表によると、一九六三年十二月に開業したとされる。対するクラウンは銀座六丁目にあった老舗で、最盛期には二百人ものホステスを数えた。副大統領時代のニクソンが来店したとの逸話も残る有名店である。大島兄弟が経営するゴールデン香港はそこと肩を並べるほどの勢いがあったというわけだ。

キャバレーというと今でこそすえた臭いが漂ってきそうな場末のイメージで語られがちだが、当時はずいぶんと華やかで、それこそ紳士淑女が集う社交場のような雰囲気に包まれていた。ゴールデン香港はなかでも劇場型キャバレーと呼ばれる大型店だった。フルバンドによる演奏が行われるなか、ステージ中央がせり上がり、きらびやかな歌い手の登場に店内はどっと沸いた。大島商事は一九六九年、鶯谷に第二の拠点となる「ワールド会館」を建設するが、そこなどは三層吹き抜けという今では考えられない豪華な造りだった。

高田の記憶によると、五人兄弟のなかで韓国語訛りがあったのは長男の正光だけだったという。あとの四人は完璧な日本語で関西の訛りもなく流暢な標準語を話した。正光は一時、在日本大韓民国民団（民団）の関係で役員を務めていたことがあるが、五人兄弟はおしなべて在日社会とは縁遠かったようだ。不動産登記簿を見ても、民族系金融機関から借りた形跡はほとんどなく、大島商事設立の頃ともなれば、東海銀行や日本不動産銀行（のちの日本債券信用銀行）など大手行相手に堂々と取引していた。

四男の正夫はなかでも在日嫌いの傾向が顕著だったという。一九三四年生まれの正夫は実のところ一族が帰化した際の官報公告にはその名前がない。一人だけ二年前の九月に先んじて帰化していたためである。正夫は何かの集まりで一緒にゴルフを回ることがあっても、決して在日の同胞とは口を利こうとしなかった。

同じ経理部門で働いていたこともあり、高田は五人兄弟のなかでも正夫と親しく付き合っていた。親しみやすい性格ではあったが、何とも不思議な人物だったようだ。正夫の席の奥にはいつも医者が使うような黒い鞄が置いてあり、実際、なかには医療道具が入っていた。「自分は在日だから医者になれなかった」というのが正夫の口癖で、本人によれば、東京大学医学部卒業とのことだった。確かに、高田の親族が病気となった時には医者を紹介されたこともあった。正夫は学士院の会員であることをことさら自慢していたという。

半信半疑ながら高田はしばらくその経歴を信じていたが、正夫が故人となった最近になって考えを改めるようになった。ある在日コリアンからほとんどが作り話にすぎないと耳打ちされたからだ。高田は仕事柄、大島兄弟の経歴書や税務申告書を作成する機会が多かったが、なぜか正夫は実際より一年早い一九三三年を生まれ年としていた。ちなみに大島の父である正義は経歴書に「大阪大学卒業」と書かせていたという。

これら昔話を高田は笑い飛ばすばかりだが、以前に一族の経歴に改変が加えられていると指摘したのは、こういう類の些細なエピソードがどうにも多いからである。

大島は保守派の論客で知られる渡部昇一との対談をまとめた共著で、自身の誕生日が実際には四月四日なのに出生届では旧暦に直して二月二十六日で届け出たとの真偽不明のエピソードを開陳している。そして、父の正義についてはこう語る。

「父親は大阪に住んでいた学生時代からすでに商売に興味をもって、雑貨類やカリフォルニア・レーズンを輸入したり小豆相場を張ったりして、私が生まれたころ（昭和二十三年）はちょっとした財をなしていたようです」（『異端の成功者が伝える億万長者の教科書』）

同書のなかではなぜか伯父について触れられたくだりがない。上野に旅館を買ったのも大島の父が行ったことになっている。これまで見てきたように戦後、一族の先頭に立ってきたのが伯父の正光だったことは疑いようがない。ところが、大島の語るストーリーではすべてが父である正義の功績にすり替えられているのだ。

大島が陳述書で示した中国の大丞相の子孫であるとの話について、高田は確かに聞いた記憶があると語る。ただし、それを聞いたのは一族のなかでも大島のすぐ下の弟である貫志からだけだったという。東大医学部卒を自慢げに語っていた正夫からは一言もそんな話が出たことはなかったと、やはり高田は笑い飛ばすばかりである。

大島商事の経営体制に変化が生じたのは一九七九年のことだった。それまで三十年以上にわたって一族を引っ張ってきた長男の正光が独立して、新たに「大島観光」を設立したのである。正光の持ち株は大島商事が買い取り、反対に大島観光は大島商事から池之端の不動産を引き継いで、サウナや中華料理店、パブなどが入るレジャービルとして経営した。

なぜ、長男が独立することになったのか。

「まさみっちゃんは、息子が入ってきたら大変なことになるなあと、よく話してたね。兄弟同士だといろいろあるじゃない」

高田はそう振り返り、こうも語る。

「もともと兄弟の結束なんかなかったね。みんな好き勝手やってた。兄弟が大島商事で働いていたのはほかにやれることが当時はなかったからじゃないかね」

実の兄弟同士なら一緒にやっていけるが、息子の世代となると収拾がつかなくなると思ったのかもしれない。そこで正光はいち早く後継者問題にけりをつけようと、自らが手塩にかけた大島商事を去るというおそらく苦渋の選択をしたのだろう。それに正光自身がすこし複雑な事情を抱えていたこともあった。東上野の薬局で店番をしていた主婦が前に語った「二号さん」の存在がそれである。

女性の勘は鋭いもので、正光にはサクという長年誼《よしみ》にしていた女性がいた。正光はサクとの間に一男一女をもうけており、のちに子供らは大島の籍にも入れられている。サクとその子供たちは一族の間でも公認の存在だったようだ。三人は大島旅館に住んでいたが、独立後の正光は大島観光とは別に「有限会社大島企画」を設立して、サクと子供らに大島旅館を継がせた。商人宿の佇まいだった古い建物は一九八〇年代半ばに取り壊され、五階建てのサウナへと生まれ変わっている。

長男が抜けた大島商事からはその後も一人また一人と離脱が相次いだ。三男の正久は独立してゴルフ会員権販売に進み、かたや四男の正夫と五男の正行は一九九五年頃には早々と引退してしまい、悠々自適の老後を選んだ。いずれの独立時も兄弟の持ち株は大島商事が買い取っている。それら買い取り資金を用立てたことや荻窪のパチンコ店建設で大島商事の借金は三〇億円ほどに膨らんだという。

独り残ったのが二男の正義だった。大島商事はその後変転を重ね、社名は「ボスアンドアイ」から「アセットオールマイティ」、そして「IOMA REAL ESTATE」へと変わることになる。

SFCGの経営が行き詰まり、大島の指示により資産が次々と社外に移される過程で、我々は今一度、大島商事の亡霊と出くわすことになるが、それについては終盤で詳しく見ていくことにしたい。

商工ファンド誕生

父の世代のような泥臭さやある種のいかがわしさを、大島健伸の経歴からは感じとることができない。額面通り受け取れば、戦後いち早く経済的な豊かさを手に入れた家庭の子女が進学校を経て有名企業に入るという、巷の日本人が理想として描いた大過ないエリートコースそのものである。

大島は明治大学附属中野高校を卒業後、慶應義塾大学商学部へと進学した。前掲書によると、大島の成績は「六十四勝三敗」だったという。つまりは最上位の「A」が取れなかったのが三コマだけだったというわけだ。大島は「金時計組」だったと自慢している。

慶應卒業後、大島は三井物産に入社した。機械部に配属後、化学品部に移り、入社三年目にはインドネシアに赴任した。そこで大島はちょっとした小遣い稼ぎをしている。ジャカルタに借りた民家をドイツ人に又貸しして六年間で一〇〇〇万円以上を儲けたという。大島には何かと自慢話が多いが、これもとっておきの逸話の一つである。

インドネシアから帰国後、一九七六年の新春早々、二十七歳の大島は大阪市東淀川区出身で三歳下の由里子と祝言を挙げた。由里子もまた在日コリアン出身で、兄姉はその後、関西で焼き肉店やパチンコ店などを手広く経営している。正確な馴れ初めは分からないが、周囲の関係者は「たぶん見合い結婚だった」と口を揃える。二人の間にはまもなく長男の嘉仁と長女の由貴が生まれた。

嘉仁が生まれてすぐの一九七七年春、大島は三井物産を退社した。その年の五月に転じた先は京都を本拠に商工ローン事業を展開していた日栄だった。同社の創業者である松田一男は戦後間もなくに立命館大学を卒業、北陸銀行に入行し、そこで十三年間勤めると独立して、旅館業を手始めに商売の道に進んだやり手だった。日栄の前身である「金商」を個人創業したのは一九六三年のことである。

大島が日栄に入社したのは修業のためだった。将来自らの手で起業することを明確に意識し、大島は進むべき道を商工ローン業界に見定めていたのである。

大島による前掲書では、起業の動機が次のように語られている。

「私がビジネスをやりたいと思ったのは、やはり基本的には私の父親がビジネスで成功して、そしてその姿を見ていたからだと思います。ビジネス以外の道に進もうという気は全然ありませんでした」

大島の言葉からは父に対する絶対的帰依が伝わってくる。曰く、父は学生時代にカミナリ族だったかたわらプロボクサーでもあり、得意のゴルフではアジア・アマチュア選手権で各国を回り、その一方でインテリジェンスと哲学を持つ永遠のプレイボーイ、そして不良青年だったという。大島は「ゴッドファーザー」とまで言い、読み手を赤面させるくらいこれでもかとばかりに父親を持ち上げている。

大島商事において一族以外で初めて取締役ともなった前出の高田勉は「一年に二百回はゴルフに行っている」と正義から聞かされたことを思い出すという。確かに腕前は相当なものだったようだ。他方で正義は周りに厳しい人間でもあった。高田が振り返る。

「五人兄弟はみんなプライドが高かったが、特に二男坊は高かったね。奥さんも厳しい人だったなあ。日本人に負けるなというのがあったんだと思う」

長男である大島の下には四人の妹と二人の弟がいた。厳しい父母による子育てのおかげなのだろう、七人の兄弟はおおむね学業優秀だった。その後、三番目の妹は耳鼻咽喉科の医者となり、末の弟は歯科クリニックを開業している。

ただ、しばらくのちの話になるが、兄弟は悲劇にも見舞われている。二男の貫志が二〇〇〇年に自殺を遂げているのである。商売の失敗を苦にしてのことだったようだ。貫志は「ビガイランド」という会社を設立して品川区内でパチンコ店を開業したが、一年足らずで行き詰まっていた。

大島の父、正義は晩年、肝臓を悪くして入院生活を送るようになり、息子の自殺から四年後に他界している。葬儀告別式は上野寛永寺で営まれた。喪主を務めた大島の読み上げる弔辞が故人を称賛する言葉に彩られていたことは言うまでもない。

名門商社のサラリーマンとしてそれなりの人生を歩むという選択肢もあった大島が起業したのは、何かに追い立てられてのことだったようにもみえる。それはやはり父親からのプレッシャーだったにちがいない。

高田によれば、大島は一族のなかでも叔父の正夫を慕っていた。三井物産時代、大島は正夫や高田と連れ立って大島商事近くの鮮魚スーパー「吉池」に向かい、上階の飲食街でビールを飲みながら、「何がいいかなあ」と独立のことで悩んでいたという。大島にとってはまず起業があり、どんなビジネスを興すかはそれからの問題だった。何か社会的な使命感に燃えていたわけではないし、温め育ててきた自らの夢を具現化するといったものでもなかった。とにかく商売を興さなければならなかったのである。ビール談義では水商売のアイデアさえ飛び出すことがあった。

当時は今で言うところの貸金業界というものさえ存在しなかった。貸金業規制法が議員立法によって制定されるのはずっとのちのことである。大島が身を投じようとしていた世界はまさに金融の辺境だった。そんななかで商工ローン事業を選んだのは成功の確率が高いと踏んだからにほかならない。同じ〝カネ貸し〟でも当時「サラ金」と呼ばれていた消費者金融ではすでに武富士やアコムが全国展開に乗り出しており、大島に勝ち目はなかった。

一年五カ月の日栄における修業で商工ローンのイロハを学ぶと、大島は一九七八年十二月、退職金など三井物産時代に貯めた資金を元手に資本金五〇〇万円で商工ファンドを設立した。二カ月後、同社は日本銀行にほど近い東京・日本橋室町のトラヤビル五階に事務所を借り、営業を始める。三十一歳の誕生日が目前の大島も含め、社員五人での船出だった。

日本は大量消費社会に突入しており、街にはモノが溢れていた。ただ、一方で先進国の仲間入りを果たした日本の経済成長率は急速に鈍化を始めていた。誰もが成長のパイに与れる時代はとうに過ぎ去った。だからこそ、商工ファンドは一時の成功を収めることとなるのである。

第2章 不良債権の焦土

木村剛デビュー

一九八〇年代後半に膨らんだバブルは日本経済が絶頂に駆け上った輝ける瞬間というよりは、今に至る閉塞感の種を限界まで溜め込み、そして放出させた、断末魔的な現象だったのかもしれない。

二度の石油ショックを経て日本経済は低成長時代に入っていたものの、プラザ合意後の円高不況を克服するための低金利政策でマネーは奔流となって市中に流れ込み、不動産や株式、果ては絵画に至るまでが突如急激な値上がりを始めた。資産価格の増大は人々の間にユーフォリアを生み出し、かつて敗戦国だった日本がまるで永遠の富を手にした千年王国であるかのごとく語られさえした。

一九八九年暮れに四万円近くを付けた日経平均株価は、しかし、年が明けると真っ逆さまに急落する。つれて不動産価格が音を立てて崩落を始めた。地上げに猛進した新興不動産会社や、ひどい場合には登記上だけで存在するようなペーパーカンパニーの資金供給源には、これまた馴染みのないノンバンクが群れをなしており、さらにその背後を探っていくと、ようやく大手金融機関の姿がそこに現れるのだった。

猛烈な信用創造は資金投下先の価格下落で急激な逆回転を始める。大手金融機関の許には不良債権が山のように積み上がった。しかし、それを抜本的に処理する術を誰も知らなかった。

「失われた十年」はこうして始まった。

当時三十九歳の金融コンサルタントであった木村剛の名前が一躍脚光を浴びたのは二〇〇一年秋のことである。九月十八日の夜、木村は金融庁長官の森昭治とともに総理大臣の小泉純一郎と内閣特別顧問の樋口廣太郎（アサヒビール名誉会長）が待つ官邸へと招かれた。何の権限も持たず、拠って立つほどの大組織もない一介の民間コンサルタントが一国の宰相に迎えられるのは、そうそうある話ではない。

日本経済は不良債権問題にもがき続けていた。五年前には激しい批判のなか、初めて公的資金を投入して住宅金融専門会社（住専）の問題を片付け、三年前には日本長期信用銀行と日本債券信用銀行を国有化して局面の打開を図った。しかし、それでも不良債権問題は燻り続けた。瞬間だけ盛り上がったＩＴ（情報技術）ブームが過ぎると、こんどは誰もが名前を知っているような大手企業の経営が不安視されるようになっていた。

当時、一枚のペーパーが金融関係者らの間で話題を呼んでいた。

「緊急経済対策の死角」——

そう題された一枚紙には「D不動産」や「K繊維会社」といった匿名の企業名が二十九社並んでいた。それらは銀行の自己査定で「要管理先」や「要注意先」に債務者区分され、経営実態に比べて貸倒引き当てが十分になされていないおそれがあった。緊急経済対策が不良債権問題の対象としていたのは、主に債務者区分がより低い「破綻懸念先」だった。巨額の融資が注ぎ込まれている手つかずの大手不振企業に切り込むことこそが不良債権問題の核心であることを、ペーパーは訴えていた。

リストアップされた二十九社は、外資系証券会社の債券リサーチレポート、それに経済誌や一般週刊誌が報じた銀行の債務者区分を基にしたもので、さして根拠のあるものではなかった。それでも多くの関係者はペーパーが訴えかける内容に同感していた。不良債権問題は次の段階に進まなければならないことを、多くが予感していたのである。

ペーパーはもともと自民党の経済産業部会で資料として配布されたものの一部だったが、そこには「KPMG Financial KK」と作成者の名前が記されていた。正式な社名は「ケーピーエムジーフィナンシャル・サービス・コンサルティング」(KPMGフィナンシャル)といい、オランダを本部に世界各国で展開する巨大会計事務所KPMGが日本に設立した金融コンサルティング会社だった。そこの社長を務めていた人物こそが木村であった。

木村は三年前に日本銀行を退職して、KPMGフィナンシャルの社長に転じていた。日銀退職から間もない頃、木村は金融監督庁（現金融庁）が設置した金融検査マニュアル検討会の委員を務めたことがある。一九九八年八月から翌年四月にかけて設置された検討会は、我が国の銀行に自己査定の仕組みを本格導入することを目的としたもので、金融検査マニュアルは銀行経営にとっていわばバイブルともいえるものだった。

もっとも、検討会は二十人余りの委員で構成されており、マニュアル策定に木村一人の意見が強く反映されたわけではない。その頃の木村は数多《あまた》いる専門家の一人にすぎなかった。木村は『新しい金融検査の影響と対策』と題する自著を出し、行政に携わった際の知見を自らのビジネスに生かしていたが、それもごく限られた専門領域での話だった。

木村の特質は難解な経済問題を俗耳に入りやすい喩えで語るところにある。

「例えて言えば、水道管の中にごみが詰まっておる、そのごみを取り除くことなしに日本の経済が円滑に動くことはあり得ません」

木村は二〇〇一年二月、衆議院予算委員会の公聴会で公述人に招致され、不良債権問題にそう警鐘を鳴らしている。ただ、当時もまだその存在はそれほど注目されていたわけではない。木村が金融行政のメインストリームに一気に乗ったのは、それから四カ月後、前述した自民党の部会に招かれ、例のペーパーを振りかざし、誰の耳にも刺激的な響きを持つ「三十社問題」を声高に叫ぶようになってからだ。

「銀行危機が中小企業問題であったためしはありません。1億円の貸出が1万件腐ったことを原因にして、大銀行が潰れたという例などほとんどないのです。大銀行が潰れるかもしれないという深刻な不良債権問題の処理は、マーケットで危ないと言われている大手企業（関連会社を含む）――上から数えて20社から30社――に対する引当が十分かどうかという問題に尽きるのです」

そう訴えかける木村を自民党の経済産業部会に招いたのは当選三回の中堅議員で部会長を務めていた伊藤達也である。松下政経塾出身で多摩地区を選挙区とする伊藤は木村と個人的に親しい間柄だった。

不良債権問題が深刻化するなか、木村は九月十四日にも自民党経済産業部会に呼ばれている。そして、時を置かずしてついに首相官邸にまで招かれることとなったのである。木村と小泉の顔合わせ実現には経済産業大臣だった平沼赳夫も一役買っていたとされる。

折しも、四日前には大手スーパーのマイカルが突然倒産していた。例のペーパーによれば、マイカルは「Zスーパー」である。木村が主張する「三十社問題」は否が応でも現実味を増した。その主張に呼応するかのように、内閣のお目付役である樋口は、「政策新人類」と呼ばれた若手議員の一人、渡辺喜美が唱える「産業再生委員会構想」に賛同を示していた。不振企業を業界ごと整理しようというのが構想の描くところであり、木村が唱えた「三十社問題」とは裏表の関係にあった。すでに流れはできていたともいえる。

木村と対峙する形となった金融当局者の森は小泉に対し約束せざるを得なかった。

「マイカルのような問題企業は破綻懸念先に落とす。それが私の信念です。首相、私はやります。金融庁は絶対やり遂げます」

その場で森はそう叫んだとされる。

木村らが主張するハードランディング路線には様々な方面から慎重な意見が寄せられたが、それらは十把一絡げに「抵抗勢力」とみなされるだけであった。

十月末、金融庁は大手十四行に対して特別検査に入ることを通告する。にわかに情勢は緊迫度を増した。その年の暮れになり、「A建設」こと青木建設が負債三七二一億円を抱えて民事再生法の適用を申請、そして、年が明けた三カ月後には「S工業」こと佐藤工業が負債四四九九億円に押し潰されるようにして会社更生法の適用を申請した。両社はともに約三年前、取引金融機関から巨額の借金棒引きを受け、延命措置が施されていた準大手・中堅ゼネコンだった。

青木建設が倒産した際、小泉は「構造改革が順調に進んでいる表れ」と大胆な笑みを浮かべたものである。この時、木村が唱える「三十社問題」は実体経済に多大な影響を及ぼす一種の呪文に昇華した。それは不良債権問題という長く暗いトンネルに迷い込んだ日本経済に出口を指し示す福音的な響きを持つ一方、最終処理の対象となりそうな融資先企業、とりわけそこで働く人々からすれば、まるで呪詛の言葉であった。

首相官邸で一国の総理大臣を相手に経済復興の処方箋を説いた木村はテレビの討論番組などに出演を繰り返すようになる。髪型は嫌みなほどのオールバック、眼鏡の奥の切れ長の目が相手を射すくめ、時に手振りを交えての話しぶりはいかにも自信に満ち溢れていた。まだ四十手前の青二才だったにもかかわらず、他を大きく引き離すハードランディング派の論客として、木村は一躍スターダムにのし上がったのである。

教育県のエリート少年

三千メートル級の峰々を背にし、荒ぶる日本海を眼前に臨む富山県の歴史は氾濫を繰り返す急流河川との戦いの連続である。その県民性は勤勉質実で知られ、越中女は第一次世界大戦最中に起きた米騒動の火付け役となるほどの力強さを内に秘める。他方で売薬に代表されるように、商魂たくましく県外に飛び出していく開拓精神も脈々と息づいている。出身者には読売グループの中興の祖である正力松太郎や角川書店創業者の角川源義、「昭和の参謀」との異名をとった瀬島龍三ら癖のある人物も少なくない。

木村剛が富山市に生まれたのは一九六二年のことだ。父親は耐火物などを販売する中小商社で営業マンとして働き、母親は近所でも教育熱心なことで知られた。木村は三人兄弟の長男で、下には弟と妹がいた。

木村が十四歳の時に郊外へと引っ越す以前、家族は富山一の繁華街である総曲輪《そうがわ》から歩いて十数分の泉町（旧東田町）に住んでいた。民家や町工場、それに商店が混在するどちらかと言えば下町風情が色濃い地区である。近くの表通りでは富山駅方面とをつなぐ路面電車がガタガタと音を立てて走り、いたち川沿いの並木が住民の心をなごませた。

日本海側有数の工業都市だった富山市は敗戦間際の八月二日未明、およそ百七十機に及ぶB29型機の激しい空襲を受け、灰燼に帰していた。爆撃目標は北陸の名門企業、不二越の軍需工場だったとされるが、実際には民間地区ばかりが被害を受けた。市内の焼失区域は旧市街の九八パーセントにも及び、罹災世帯は二万五千戸近くに上った。焼け出された市民は十一万人近くを数えたという。

それでも人々は力強く生きた。『富山市史』によると、終戦後わずか半年の間に市内では七千五百戸ほどのバラック建ての家々が次々と建てられ、市民の三分の一は復興に手応えを感じていたという。

そんななか、木村の祖父は市内でも寺社仏閣が密集する地区として知られる南新町からここ泉町に移り住んだ。総曲輪の南に位置する南新町は江戸時代、加賀藩の支藩にあたる富山・前田家が富山城の防備のため、領内から寺社や墓地をかき集めた地区とされる。泉町からは距離にして一キロも離れていない。難解な手書き文字が埋める古い不動産登記簿を見ると、木村の祖父が泉町の土地を取得したのは一九四七年二月のことだった。

「全国一一五の戦災都市の中でも被害の程度は最大級のものであった」（『富山県史』）という富

山市では県が主体となって戦災復興都市計画事業が策定された。当初、国の復興院が認めた計画は面積が一千万平方メートルにも及ぶ壮大なものだった。のちに計画は半分に縮小されたが、それでも市内全域での区画整理事業がようやく完了したのは、木村が生まれた四年後のことであった。

泉町で近所付き合いのあった初老の夫婦によると、木村の祖父は市内のどこかに通って仏壇職人をしていたという。他方で祖母は「担ぎ屋」のようなことをして着物類などを売り歩いていたらしい。木村の祖父は早くに他界したが、祖母は木村が中学生の頃まで健在だった。祖父が戦後買い求めた地所は区画整理後の面積でおよそ四十四平方メートル。泉町での木村家族はそこで慎ましやかに三世代が同居していた。

現在、泉町にあった木村家族の自宅は取り壊され、更地となっている。ただ、今でも土地は木村の母が名義人となっており、町会費も納め続けているようだ。工場の倉庫があったかと思えば、新興宗教の分会があったりと、きっちり碁盤の目に整えられた割りにはごった煮感がある町内を歩くと、ドーナツ化現象なのだろう、かつて木村家があった場所と同じようにところどころ空き地が目立つ。

木村がエリートコースを歩み始めたのは十二歳の春のことである。近くの市立柳町小学校を卒業した木村が進んだのは、神通川にかかる大橋を西に渡ったところにある国立富山大学附属中学校だった。

地元で「附中」と呼ばれる同校について『富山大学五十年史』は次のように記している。

「戦前の附属学校は師範学校と機能的に一体のものとして運営され、教育実習校としての役割以上に、地域の公立学校に対して『教育の本山』とでもいうべき、教育実践の先導的立場を担っていた」

戦後の教育民主化の動きのなか、「教育の本山」たる附中に対しては富山県教職員組合から「学区制を乱し、他の諸学校と全く別の優越感をもたらす」との批判的な声が上がり、解体論も出るほどだった。ただし、この動きは富山市の財政負担が大きくなるため、やがて沙汰やみになっている。

現在、副校長を務める鎌仲徹也によると、附中に進学する生徒は、親が医者か、親自身が附中の卒業生ということが多いらしい。富山は秋田と並んで日本海側随一の教育県として知られるが、東京などと違って公教育がしっかりしているため、難関私立校を目指すような受験競争とは無縁の土地柄である。そうしたなか、教育意識が高くない父兄の間では、附中の存在自体を知らないことさえ珍しくないという。「そんな特殊な学校じゃないですよ」と話す鎌仲によれば、受験の倍率もそれほど高くないらしい。

とはいえ、県内から優秀な生徒を集めていることはまちがいない。鎌仲もそこについては「みんな優秀なのに謙虚」と手放しで褒める。附中では企画力や表現力を養うことに力を入れている。話しぶりをみれば、附中の生徒の優秀さは歴然としているそうだ。

木村が附中に進んだのはおそらく教育熱心だった母親の影響が大きかったからにちがいない。

かつて木村家と近所付き合いのあった前出の主婦はこう回想する。

「お母さんは人の上に立つようにと子供さんの尻を叩かれてましたよ。剛君は長男でしっかりしてたけど、弟さんはすこし頼りなかったんです。それでも、やっぱり（進学校の）富山東高校に進みましたから。剛君は勝ち気で目立つのが好き。それにずる賢い。その後を見ると、ああ、お母さんの性格かなあと思いました。正直、お母さんにはあまりいい思い出はありません」

のちのインタビュー記事などを読むと、木村の口からは母親について語られたことがまるでない。むしろ、語られたのは父親のほうである。そこでは昔気質の家父長的な父親像が語られ、それに反抗して小学五年の時にちょっとした家出をしたとのエピソードまで披露されている。

ところが、近所の住人の記憶はそれとは正反対である。前出の夫婦はむしろ木村の父が誰にも好かれる優しい人柄だったことを覚えている。近所の子供たちとキャッチボールに興じる姿が記憶に残っているという。夏には神通川の花火大会に連れて行ってくれ、アイスキャンディーを買ってもらったりもしたそうだ。

インタビューで一切を語らないのは、逆説的ではあるが、木村の心象風景においてそれだけ母親の影響が深く刻まれているからなのだろうか。

木村は附中を卒業すると、県立富山中部高校に入学した。富山中部高は富山高校、高岡高校と並んで「御三家」と呼ばれる県内有数の難関校だ。なかでも、木村が進んだのは特別なエリートコースだった。「理数科」と呼ばれるその一クラスだけは入試も別枠で、とりわけ優秀な生徒が選抜された。三年間を同じ仲間で過ごすクラスの半数は附中からの進学組でもあった。

前掲の『富山県史』によれば、県内の高校教育は戦後、「七・三体制」や「七・三教育」をスローガンに整備が図られていた。公立高校の学科別定数の割合を普通科三割、職業科七割とするもので、いわば少数のエリートと多数のノンエリートを早期にふるい分けるものだった。「産業性の見地から教育構造を全面的に近代化する」ことを目指した県勢総合計画は、中学で生徒の能力・適性を観察し、高校でそれに応じたコース化・類型化を図ることが望ましいとしていた。そうした県の考え方を具現化するものとして、富山中部高の理数科はエリート中のエリートといえた。

富山中部高の三年八組で木村の担任教師を務めていた守田平を、田園地帯のど真ん中にある立山町の自宅に訪ねたところ、衛星テレビで本因坊戦を観戦していたという守田は、突然の訪問ながら、半ズボン姿で気軽に応じてくれた。県内の高校で数学を教え続けた守田の教え子にはノーベル化学賞を受賞した田中耕一もいる。引退してから十年以上が経つ。

守田に木村の思い出を訊いたところ、すぐさま返ってきた答えは「優秀」との一言だった。確かに卒業生名簿を見れば、そのことはすぐに分かる。クラス四十人のうち、木村も含めて実に約十五人が東京大学に合格しているのだ。理系でありながら半数が文系に進学しているのも、生徒の優秀さを物語っている。卒業生のその後を見ると、大半は東京の大手企業や中央官庁で活躍し、地元残留組はたいていが開業医である。

守田によれば、木村は高校在学時から経済や金融の分野に将来進むことを見据えていたという。

「木村君の成績なら（法学部に進学する）文一に受かったはずやけど、（経済学部の）文二を受けたがです」

富山弁でそう述懐しつつ、守田は木村について「文武両道」とも持ち上げた。附中も富山中部高も県内ではサッカーの強豪校として知られ、木村はフォワード選手として活躍した。全国大会にも出場している。同じクラスでサッカー部のチームメイトだった竹内元人のように、その後、Jリーグで審判を務めるなど、サッカーに関わり続けている者もいる。

守田はこう続ける。

「木村君たちはみんな三年生の夏までサッカー部に残って、受験は大丈夫かなあ、と心配したがですが、木村君は東大にも現役で受かったがです」

ただ、「優秀な生徒だから何も問題はなかった」と守田が語る高校時代の木村からは人間臭いエピソードが少々欠けているきらいもある。同じクラスの卒業生には服飾史家で明治大学国際日本学部の特任教授も務める中野香織がいる。木村と中野の間にはまったく交流がなかったようだが、守田が中野のことを「カオリ」と下の名前で親しみを込めて呼んでいたのに対し、木村については終始、「キムラ君」と呼んでいたのが妙に印象に残った。

東大経済学部に入学した木村はきっちり四年間で卒業すると、担任教師に将来の志望を語っていたとおり、一九八五年四月に中央銀行キャリアの道を歩み始める。

日銀の一匹狼

日本銀行の採用試験で木村剛の面接官を務めていたのは、のちに総裁へと上り詰めることになる福井俊彦だった。当時、福井は人事局次長の役職にあった。二人の出会いに関しては、とみに有名な話がある。後年、木村がよく語ったエピソードだ。

採用面接で福井は木村に対してこう質問したという。

「金儲けっていうのは汚いものだから、私は国民のために働きたいと言って、日銀を志望する人が多いんだけど、君もそうだよね」

これに対して木村はこう言い返した。

「金儲けは汚いなんて言うヤツは、中国へ行って人民服を着てればいい」

すると、福井はしたり顔でこう内心を打ち明けたという。

「そうだよな。そういう志望動機は俺もうさんくさいと思ってたんだ」

この話の真偽のほどや正確性は検証しようがない。それでも、二人の性格を表すには、よくできた話ではある。

前述したように木村は高校時代、サッカー選手で鳴らした。そして、本人曰く、東大時代はマージャンに明け暮れた。腕前は相当なものだったらしく、それで学費も稼いだのだという。一方、東大法学部卒業の福井は学生時代にハンドボール部の主将を務め、学業は二の次だった。大阪出身の福井は大の阪神タイガースファンでも知られる。体育会系でどことなくバンカラ風ともいえる二人の馬が合うのはごく自然の成り行きだった。

日銀は公家タイプの職員が大半を占める。政治にまみれ、剛胆さが求められる旧大蔵省とは対照的に、職員は大人しく、時に政治オンチとも揶揄される。そうしたなか、木村と福井は平均的な日銀マンなら眉をひそめるような場に出向いていく度胸があったという点でも共通していた。その一つが、「B&Bの会」とその流れを汲む経営者の集まりだった。

「ベスト・アンド・ブライテスト」の頭文字をとったB&Bの会は大蔵省出身の自民党衆議院議員、新井将敬を囲む会として発足した。当初、世話人的な立場だったのは会社社長の柳谷利弘だった。柳谷はトーメン勤務時代に加ト吉の創業者、加藤義和に食い込み、その縁で「四国商事」という海産物を扱う商社を始めた人物である。そんな柳谷によると、その頃、新井は年間一億円の政治活動費を必要としており、そこで百社から毎月一〇万円の会費を集めることを目標に会が始められることになったのだという。最終的には上場企業の経営者を中心に二、三十人が集まり、年に数回、赤坂の料亭などで勉強会を開いた。

日興證券による利益供与疑惑の捜査が身辺に及んだ新井が一九九八年二月に自殺を遂げると、B&Bの会は「エス・ケイ・二十一総合研究所」へと衣替えし、銀座のビルにサロンを開いた。新井の未亡人が生計を立てられるようにするのが当初の目的だった。サロンには様々な経済人が入れ替わり立ち替わりやって来た。もっとも、そうした盛況ぶりとは裏腹にエス・ケイ・二十一は金銭面では火の車だった。そこで居酒屋チェーンの内装工事などを手がける日商インターライフを経営する天井次夫がサロンを引き継ぐこととなった。天井は二〇〇〇年五月、「日本ベンチャー協議会」を発足させ、情報交換の場を継続した。

一方で、B&Bの会に始まるこれら集まりは時として秘密投資クラブめいて語られることもあった。天井によれば、小林哲雄という当時、外車販売会社の社長だった人物の参加がきな臭い噂の元凶だったという。旅行会社「四季の旅社」を経営する藤田昭が連れてきたという小林は、「投資ジャーナル事件」などで知られる仕手筋の中江滋樹と親しかった。その後、藤田、中江、小林の三人は仕手戦の失敗などから、倒産の憂き目に遭い、あるいは失踪し、さらには詐欺事件の黒幕として地下に潜っていった。

天井によれば、会として株式投資にまつわる情報交換を行っていた事実は断固としてないという。だが、その後、IPO（新規株式公開）ブームでにわか成金となった新興企業経営者が続々と参加し始めた。そうしたなか、中古車販売大手ジャックの創業者が乱脈経営で逮捕されるなど、会員の不祥事が相次いだことで、不幸にも、会にはとかく悪い噂がつきまとった。

木村と福井がこれら集まりに顔を出していたのはどうやら事実らしい。

ある日銀OBは「木村に誘われて行ったら、新井将敬もそこにいた」と証言する。そうであれば、木村が参加したのはB&Bの会の頃、つまりは一九九八年の春以前ということになる。ただその一方で、柳谷は「エス・ケイ・二十一の頃、サロンに来たことがあったような気がする」と記憶しているから、時期についてはやや曖昧さが残る。

他方、福井が集まりに参加したのは日本長期信用銀行の元副頭取、平尾光司の紹介によるものだった。これについては柳谷と天井の記憶が一致するからまちがいない。木村が顔を出していた頃とは時期も異なる。のちに福井は日銀総裁時代に「村上ファンド」への出資問題で批判を浴びることになるが、一九九九年に村上世彰が通商産業省を退官した際にはエス・ケイ・二十一に参加する経営者らで壮行会を開いたことがあったという。柳谷などはそこが福井と村上の接点だったと見ている。

木村は日銀入行後、発券局に配属され、間もなく松本支店に赴任した。そこで知り合ったのが当時は信州大学の学生で、のちに妻となる祥子だった。前出の日銀OBによれば、同じ英会話学校に通っていたことが交際のきっかけだったという。木村の結婚式で媒酌人を務めたのは福井夫妻である。福井と木村との間の親分子分関係は行内で知らぬ者がいないほどだった。その後に福井が営業局長から総務局長（のちの企画局長）に転じた際には、同時に木村も引き連れての異動だった。

日銀時代の木村は周囲に不快な印象を与える人物として知られていた。会議ではいつも上役を吊し上げ、満員のエレベーターのなかでも名指しで年長者を批判していた。「あんた、大きなこと言ってるけど、本当に責任とれるのか」などと、木村が相手を罵倒することは一度や二度ではなかった。人を馬鹿にするような態度も毎度のことである。

福井の後ろ盾があったことに加え、人一倍、勉強熱心だった木村の自負心が無意識にそうさせたのかもしれない。木村は睡眠時間を削って夜中まで専門書を渉猟し、反面、風呂にも入らず身なりには無頓着だった。スーツに白いソックスというあか抜けしない取り合わせも珍しくなかった。ポマードで後ろに撫でつけたオールバックの髪型もこの頃からである。整髪の手間がかからないのが、その理由だった。

ただ、木村が同期のなかで一頭地を抜くほどの存在だったかというと、そうでもないと指摘する声がある。たとえば、日銀入行後、キャリア組は海外留学を一度は経験するが、木村の留学先はイギリスのハル大学という日本ではあまり知名度のない大学だった。前出の日銀OBは「お情け留学だった」と話すほどだ。行動派でとにかく馬力のあった木村は後輩から慕われた。ただ、そんな時も「俺はカラオケが上手くて日銀に採用された」などと自身を偽悪的に語ることが多かった。木村は尾崎豊や松山千春の曲をよく歌った。

日銀時代の木村に関して興味深いのは、現在の総裁である白川方明との確執である。木村は企画局のあと、ニューヨーク事務所に赴任した。そこで上司だったのが現地駐在参事を務めていた白川だった。さらに木村は帰国後、国際局に異動となり、BIS（国際決済銀行）日本代表の仕事などに携わるが、そこでも国際資本市場担当審議役の白川が上司だった。

木村と白川が国際畑にいた頃は折しも邦銀に対してかつてない逆風が吹いていた。大和銀行ニューヨーク支店を舞台とする巨額損失隠し事件が起き、財務内容が不透明とみなされた邦銀は上乗せ金利である「ジャパン・プレミアム」を払わなければ海外金融市場で資金を取ることができなかった。

そうしたなか、木村は「大蔵省が日銀に預託している外貨を農林中央金庫に流し、そこから市場に供給すればいい」との持論を声高に叫んだ。しかし、白川は「担保がないよ」と言って、慎重な姿勢を崩さない。木村は「同じ日本の銀行なんだから担保なんて必要ない」と応酬したが、どこまでいっても二人の溝は埋まらなかったようだ。

欧米に立ち後れた日本の金融界に苛立ちを募らせ、現実政策への反映を重視する木村に対し、白川はどちらかというと学究肌であり、慎重居士であった。二人はまさに水と油の関係にあったといえる。しびれを切らした木村は副総裁に昇格していた福井の許を訪ね、白川を散々非難したとも伝えられる。

東大時代に数々の懸賞論文に応募していたという木村はニューヨーク赴任のすこし前から「織坂濠」との筆名で専門誌に寄稿を始め、一九九四年にはジャーナリストの財部誠一と共同で不良債権問題に関する最初の著作も出している。織坂の姓は織田信長と坂本龍馬から一文字ずつとったとされる。ともに時代の変わり目に登場し、旧弊を打ち破ることで、歴史を前進させた変革者である。織坂との筆名は、その頃から木村に芽生えていた志向を如実に物語っている。

のちに「一匹狼」と評されるようになる単独行動が、すでにこの頃の木村には目立ち始めていた。

そして、ちょっとした〝事件〟が起きる。前出の日銀OBはこう囁く。

「木村が副調査役から（管理職クラスの）調査役に昇格しようかという時期に白川さんが人事考課でバツをつけたとの噂が行内で広まった。それまで福井さんが二重マルをつけていたのにですよ」

これが直接の原因だったのかは定かでないが、木村は一九九八年一月に三十五歳で日銀を退職する道を選ぶ。そして、二カ月後、ＫＰＭＧが日本に設立した金融コンサルティング法人の社長に就任した。ニューヨーク時代、木村はＫＰＭＧの日本人関係者を通じて金融部門の現地幹部と接触を繰り返していたという。その頃から日銀に見切りをつけ、転職活動をしていたのかもしれない。

日銀退職の直後、木村は織坂濠の筆名で出した初めての単独著書でこんなことを書いている。

「（米国の調査会社は）ビッグシックスのなかで最高水準のサービスを提供しているのは、ＫＰＭＧピートマーウィックだと認定している。（中略）米国本部が自ら乗り出し、本格的なフルラインの金融コンサルティング・サービスを提供する。（中略）これからは新設された『ＫＰＭＧフィナンシャル・サービス・コンサルティング』がオールＫＰＭＧの金融サービス・コンサルティングに関する窓口になるという」（丸カッコ内は引用者）

ビッグシックスとは当時の六大会計事務所のことで、ＫＰＭＧピートマーウィックはＫＰＭＧの一部門だ。引用したくだりの文末には連絡先の電話番号まで丁寧に記されていた。

いかにも第三者が中立的に書いたような文章だが、一読して分かるとおり、木村が自身の会社を宣伝したものにほかならない。木村の少年時代を知る近所の主婦が語った「ずる賢さ」なのか、はたまた当時の木村の不安の表れだったのかは分からない。前出したＫＰＭＧの日本人関係者によると、木村は独立に際し、ＫＰＭＧに行くか、そことはライバル関係にあるイギリス系のプライス・ウォーターハウスに行くか、で悩んでいたという。

結局、木村はKPMGを選んだわけだが、関係者はこう続ける。

「KPMGは金融でナンバーワンでしたから、木村さんは自動的にクライアントが入ってくるもんだと思っていたようでした。しかし、営業しないと簡単に客は付かない。一方でKPMGの本部は高額なフランチャイズフィーを取り、スーパーバイザーと称して年俸数千万円のアメリカ人を雇えと送り込んでくる」

民間人となった木村だが、想像の及ばなかったほどの苦労をしたことはまちがいない。のちに木村は周囲に対してそうした苦労話を進んで話したし、雑誌のインタビューなどでもためらうことなく披露している。ただ、それは苦労を乗り越えたあとのことだから、裏返せば、木村の自信家ぶりを表す振る舞いと言えなくもない。

新たな人生を木村が歩み始めたのと同じ頃、接待スキャンダルの責任を取り、福井もいったん日銀を追われることとなる。二人が日銀を去った時期が同じなのは、偶然なのか、それともそうでないのか、そこらあたりは想像を逞しくするしかない。いずれにせよ、一九九八年春の時点で二人は金融政策の本流から外れたのである。

しかし、木村も福井も金融政策の現場に戻ることを望んでいた。まだ「三十社問題」を唱える以前、数多いる民間コンサルタントの一人にすぎなかった二〇〇〇年九月、木村はちょっとしたシンクタンクともいえる「金融イノベーション会議」を発足させ、金融当局へ様々な提言を行う活動を始めている。一説によると、これは福井を日銀総裁に担ぎ上げることを目的に始められたものだったともされる。

富士通総研理事長という人目を避けるような待機ポストで復活の日を虎視眈々と狙っていた福井が総裁として日銀に返り咲いたのは二〇〇三年三月のことである。その頃、金融界ではりそな銀行の経営不安説が一気に燃え広がろうとしていた。不良債権問題の最後の頂点となる「りそな国有化」を導いた「金融再生プログラム」に大きな影響力を及ぼしていたのは、一足先に金融政策の最前線に戻っていた木村だった。

竹中平蔵との盟友関係

二〇〇二年九月三十日、内閣改造人事で大きな注目を集めていた金融担当大臣のポストに就いたのは竹中平蔵だった。

竹中は一橋大学卒業後、日本開発銀行の職員を振り出しに、大蔵省財政金融研究室の出向研究員などを経て、慶應義塾大学総合政策学部の教授となるまで、主に政策研究の分野を歩んだ。ある種の必然なのか、一九九八年以降、竹中は現実政治との距離を次第に詰めていく。小渕恵三政権で「経済戦略会議」のメンバーとなり、続く森喜朗政権でも「ＩＴ戦略会議」の一員となった。そして、二〇〇一年四月、構造改革を掲げて発足した小泉純一郎政権において、竹中は経済財政政策担当大臣の座を射止めるのである。

竹中は大阪大学で知遇を得ていた本間正明を民間議員に任命するなどし、手駒として与えられた経済財政諮問会議を強化して、それを縦横に活用した。官邸主導による構造改革はその後、一連の民営化路線に突き進むことになる。その頃すでに政治家にも勝る政治手腕を見せ始めていた竹中を、経済財政政策担当大臣と兼務する形で金融担当大臣に任命したのは、不良債権問題に対する小泉政権の並々ならぬ決意表明といえた。

時の人となった木村剛が提唱し、あれほど騒がれた「三十社問題」も、そのほとぼりが冷めると、不良債権問題は再び水面下へと沈潜し、日本経済の重しとして横たわったままだった。かつて大手行への公的資金投入で見せた剛腕はすっかり影を潜め、前任大臣だった柳澤伯夫は問題解決に消極的とみなされるようになっていた。小泉お得意のワンフレーズを借りれば、「抵抗勢力」を一掃する事実上の更迭人事でもあった。

竹中は大臣就任の翌日からこれはと目を付けた有識者を赤坂の全日空ホテルに呼び入れて専任組織の人選を始めた。そして十月三日、「金融分野緊急対応戦略プロジェクトチーム」の発足が発表される。メンバーに選ばれた五人は、日本経済研究センター会長の香西泰、日本公認会計士協会会長の奥山章雄、東燃の元社長で日本銀行の前審議委員だった中原伸之、旧大蔵省出身で京都大学大学院経済学研究科教授の吉田和男、そして木村だった。

通称「竹中チーム」に選ばれた五人は計八回の会合を重ねた。それと並行して竹中や金融担当副大臣に任命された伊藤達也はスタッフらと全日空ホテルに深夜遅くまで籠もって非公式の作戦会議を連日開いた。プロジェクトチーム最年少の木村もそこに加わることが多かった。金融庁の事務方を徹底的に排除して突貫作業は進められた。

こうして一カ月という異例の短期間でまとめあげられたのが金融再生プログラムだった。それは二〇〇四年度に主要行の不良債権比率を半減させ、企業・産業の再生に取り組むため新たな機構を創設するという野心的なものだった。金融庁による特別検査が再度実施され、ばらつきが批判されていた大口の借り手に対する債務者区分も統一が図られることになった。ハードランディング派の急先鋒である木村がそれまで展開していた持論を、色濃く反映した内容だったといえる。

経済産業省キャリアから竹中の補佐官に当時抜擢されていた岸博幸は、この時見せた木村の国士的な献身ぶりを今でも高く評価する。木村はKPMGの子会社で社長を務めていたこともあり、「外資の手先」として見られることが多い。しかし、関係者が共通して指摘するのは木村の「外資嫌い」である。その根底にあったのは、前述したKPMG本部による理不尽な子会社支配で味わった屈辱的な経験だったのかもしれない。

岸は「竹中チーム」を間近で見ていた当時をこう回想する。

「問題が大きすぎて、国の審議会で委員を務めていたような人たちが次々に逃げていくなか、木村さんは社業をなげうって一カ月間死ぬほど付き合ってくれた。いろんな意味で非凡な人だった。竹中さんも木村さんのことを高く評価していた。希有な人材だと見ていたのではないか」

これ以後、木村と竹中は世間から盟友関係とみなされるようになる。二〇〇四年七月に竹中が参議院選挙に立候補した際、木村は新橋駅前での街頭演説に駆けつけ、金融再生プログラム策定でどれほど労苦を共にしたかを交えて竹中に熱いエールを送った。

「竹中はその時大臣ではなかったです。ファイターでした。男でした。ぜひ竹中平蔵を、今度の日曜日に、男にしてやってください。お願いします」

自民党比例区から立った竹中は全国で約七十万票を獲得して初当選を果たした。これ以後、竹中は郵政民営化という小泉改革の本丸に切り込んでいき、学者政治家として異例の剛腕を振るうこととなる。一方、木村はこの頃すでに金融政策の最前線からは遠く離れていた。日本振興銀行の経営に忙殺されていたからである。

木村と竹中の交流がその後も続いたことは確かだ。木村は個人経営する「フィナンシャルクラブ」においてセミナーの目玉講演に最高顧問として招聘していた竹中を起用したし、一方で小泉の退陣とともに政界から身を引いた竹中は民間シンクタンク「ポリシー・ウォッチ」の代表となり、そこのメンバーに木村を招いている。暴走経営によって日本振興銀行の財務がすでに壊滅状態にあった二〇〇九年秋、木村と竹中が連れ立ってキャラクター商品を手がける大手企業の経営者を訪ねるところも目撃されている。

もっとも、「二人の関係はカネのつながりにすぎない」との冷淡な見方があるのもまた確かである。結果として木村の名前が地に墜ちた直後、竹中が主宰するポリシー・ウォッチは素知らぬ顔で木村の名前をメンバーから削除している。

話を戻そう。

まちがいなく、金融再生プログラムは金融政策としてかつてない成功を収めたと言ってよい。

りそな銀行の実質国有化はその最大の成果だろう。

プログラム策定から半年後に金融庁が発表した特別検査の結果によると、主要十一行の大口債務者百六十七先のうち与信額二・四兆円が注ぎ込まれていた二十七先に関して、その債務者区分が引き下げられた。

なかでも打撃の大きかったのが「大彌商事」など「緊密者」と呼ばれる大口融資先を多く抱えていたりそな銀行だった。旧大和銀行OBらが天下る「緊密者」の実態は不良債権に張り付いた担保不動産のゴミ溜めだった。繰延税金資産の資産性をめぐり監査法人が厳しい見方に傾くなか、政府は二〇〇三年五月十七日に金融危機対応会議を招集して預金保険法第百二条に基づく資本投入を初めて発動、りそな銀行は実質国有化された。

それとともに国策会社の産業再生機構が設立される。カネボウやダイエー、ミサワホームといった名だたる大企業が産業再生機構に送られたが、それらは木村が「三十社問題」を唱えた際に振りかざしていたリストに載っていた問題企業群にほかならなかった。そうした過剰債務企業の財務リストラとともに、裏表の関係にある銀行側の不良債権は在庫一掃とばかりに大方処理されていった。産業再生機構に送られた大企業は、ほとんどが部門ごとに解体され、その後、投資ファンドなどに売られていった。こうして不良債権問題は急速に終息へと向かっていったのである。

時の政権のブレーンとして木村の名声はここに確立されたと言っていい。

しかし、一方で、目立てば目立つほど木村の立場は危うくなっていった。金融再生プログラムを策定し終えた「竹中チーム」の仕事はその後、「金融問題タスクフォース」へと引き継がれた。そこに木村の名前は入らなかった。強硬論者の木村を煙たがる自民党の有力議員から強い反対の声が寄せられたためともいわれている。かわりに「自己資本比率規制に関するワーキンググループ」など二つの分科会に木村の名前が潜り込まされたのは、竹中と伊藤によるせめてもの温存策だったとされる。

木村をKPMG幹部に紹介した前出の関係者は当時の内情をこう打ち明ける。

「木村さんの行動がKPMGのなかで問題となっていたのは確かでしたね。銀行に多くのクライアントを抱えているのに三十社リストとかで喧嘩しちゃってるわけでしょう。『木村を何とかしろ』という声はありましたよ。お互い別れ時だったんじゃないですか」

二〇〇三年六月、木村はKPMGフィナンシャルのMBO（経営陣による買収）に踏み切り、社名を「KFi」へと改めた。そのすこし前から木村が深く関わり始めていたのが「中小新興企業融資企画」、その後の日本振興銀行である。木村を新銀行設立の計画に引っ張り込んだのは、落合伸治という当時三十五歳の若手経営者だった。

第3章 松濤物語

億万長者・大島健伸

ある人物の人となりを理解しようとする時、その自宅の有り様がどう変遷したかを調べるのは、少なからず有意義な手法といえる。とりわけ、大島健伸にまつわるそれは格好の研究対象といえるだろう。

大島一族は戦後に大阪から上京後、上野や御徒町の界隈で転々と居住地を変えていたものとみられる。そうした父母の世代が旅館業やキャバレー経営の成功を経て、誰もが羨むような邸宅を手に入れたのは、一族が揃って日本に帰化し、「大島商事」を設立した一九六〇年代半ばのことであった。

大島の父、正義が新居を求めたのは、雑然とした上野アメ横の街からは北西に数キロ、不忍池や東京大学を行き過ぎて台地を上ったところに広がる千駄木だった。明治の頃より夏目漱石や北原白秋、川端康成といった文人が好んで住んだ古きよき山の手である。不忍通を西に入って団子坂を上りきったところにある観潮楼跡はかつて森鷗外の邸宅があった場所で、数多くの文士が出入りするサロンでもあった。その名称は書斎の窓から東京湾を遙かに望むことができたことにちなんで付けられたのだという。

大島の父が千駄木一丁目に土地を買い求めたのは一九六五年十二月のことだ。一族の大黒柱であった伯父もその頃、千駄木三丁目に自宅を定めようとしていたが、互いの距離は歩いてほんの数分の近さだった。

大島の父が取得したのは二百坪はあろうかという大きな土地で、そこの四囲を堅牢な壁で囲み、南側にクルマごと滑り込むことができる立派な門を設け、敷地の中央に無粋だが広々とした三階建ての居宅を建てた。現在の表札を見ると、「大島正義」とある下に「健伸」と記されている。不動産登記簿上では一九八六年に大島が生前の父親から取得したことになっている。

父母の世代が商売での成功により上野アメ横から千駄木に移り住んだように、商工ファンドが業容を拡大したのに伴って、大島は高級住宅街の代名詞ともいえる松濤へと移り住んだ。

無数の通行人があらゆる方向から迫ってくる渋谷駅前のスクランブル交差点をようやくに抜けて、色とりどりのファッションに身を包んだ若者たちをかき分けて文化村通を突き進み、ご婦人方の御用達である東急百貨店本店を通り過ぎると、そこが松濤である。江戸時代には佐賀藩主の鍋島家が切り開いた茶園が広がり、大正時代になって宅地化されたというこの場所は、先ほどまでの喧噪が嘘のように思えるほど閑静な住宅街である。

他方で、どうにも幻惑的なところがあるのも、ここ松濤という街だ。最近まで警察官が物々しく警備する都知事公館があったかと思えば、裏手あたりには武富士創業者の武井保雄が懇《ねんご》ろにしていた女性のこぢんまりした住居があり、ペーパーカンパニーが本店を登記していたりした。世界基督教統一神霊協会（統一協会）の日本本部が置かれているのもここ松濤である。

そうした意味で、世界的な陶磁器コレクションで名高い戸栗美術館の存在は最たる例かもしれない。

殖産住宅事件の遠因ともなった株買い占めを行っていたように、美術館の創設者である戸栗亨は実業家というより相場師として知られた人物だった。殖産住宅事件は小佐野賢治や児玉誉士夫といったフィクサーが暗躍し、疑惑の線上にはのちに総理大臣となる中曽根康弘が浮上したことでも知られる戦後有数の経済事件である。一九七三年に殖産住宅創業者の東郷民安は所得税法違反で逮捕されたが、前後して戸栗も脱税の罪に問われた。

松濤に移り住んだ大島は最初、戸栗美術館隣の高級賃貸マンションに居を求めた。二人の交流がいつ頃からどの程度のものだったかはよく分からないが、大島は親子ほど年の離れた戸栗からいたく気に入られていたらしい。

いまや商工ファンドの成功が父親らのそれを越えたことは明らかだった。全国に展開する拠点から吸い上げられる収益により、毎年の経常利益は一〇〇億円近くに上った。一九九九年には株価が一時、九万四〇〇〇円をつけ、商工ファンドの時価総額はおよそ一兆円にまで膨らんでいる。

大島は世界的な富豪となった。アメリカの経済誌『フォーブス』はピーク時に大島が所有していた資産額を三七二〇億円と見積もり、一九九七年には世界の億万長者ランキングの六十一位に掲げている。

上野の鮮魚スーパー「吉池」でビール片手に「何がいいかなあ」と思い悩んでいた大島の姿はもはやそこにはない。のちに側近でさえが「唯我独尊の典型」と評した人物像が完成されようとしていた。最後、大島は『天馬行空』なる漫画の原案を練り、自身を主人公に据えた完全無欠の成功物語を社内外に宣布するとの妄動にまで走っている。

大島商事で番頭役を務めていた高田勉は「本来、一族は気が弱いんだけどね」と言いつつ、ある時、大島の人柄が変わったことに気付かされたという。大島の叔父である正夫と正行の持ち株を大島商事が買い取った時の話だから一九九五年頃のことだ。父の正義とともに、その頃、大島商事の経営に関わっていた大島は「そんな高いのか。泥棒みたいだなあ」と吐き捨てるように呟いたという。

「強欲だね。人間、カネを持つとそうなるもの。一兆円持ったら一〇兆円欲しくなる。もういらないんじゃないかと思うのは貧乏人の考えることだね」

高田は自嘲ぎみにそう話す。

この頃の大島についてはこんなエピソードもある。大島は前章で触れた「B&Bの会」に一時期だけ参加していたことがある。大島と新井将敬は同じ年に大阪で生まれ、しかも在日コリアン出身という共通項があり、性格的にも似たもの同士だった。会の世話役を務めていた柳谷利弘によると、それは発足してすぐのことだったという。ある日、新井の顔色がすぐれないことに柳谷は気付いた。大島と会った直後だったようだが、新井は理由について何も話そうとしなかった。

「どうも、あとで周りから聞くと、大島さんが将敬に対して『カネ出すから言うこときけ』みたいなことを言ってたみたいよ」

柳谷はそう述懐する。

これについては天井次夫も別の角度から同じ光景を見ている。天井は新井に対して大島との和解を進言したが、新井は聞く耳を持たなかったという。自尊心が人一倍強い新井としては許せない行為だったのだろう。天井は大島に電話をした。「水に流して、会の会長にでもなってくれ」と下手に出ると、大島はまんざらでもない様子だったという。しかし、大島と新井の仲が修復されることはなかった。

晩年、かつて厳しかった父の正義は、大島について本人がいない場を選ぶようにして高田に対してこう語っていたという。

「自分が言うのも何だが、あいつは厳しいからねえ」

大島はかつて畏怖の対象だった父親を追い越し、遙か先を行こうとしていた。ある時、大島は自分の伝手《つて》で連れてきた公認会計士を入れて、大島商事で何事かを始めた。高田は詳しいことを何も聞かされていない。ただ、時期から見て、大島らが行っていたのは、次のような資本工作だったと推定される。

その頃、大島商事の株式の過半は大島の個人会社である「ケン・エンタープライズ」が保有する形になっていた。同社は同時に商工ファンドの大株主でもあった。

一九九九年六月、ケン・エンタープライズは大島商事株の五一パーセントを二〇億円で「フラナ・インベストメント・ジャパン」なる西新橋に登記されたばかりの会社に売却する。突如、筆頭株主に躍り出る格好となった同社は、オランダに登記された「フラナ・インベストメント」が全額を出資する会社だった。さらにその株主を遡ると、タックスヘイブン（租税回避地）として有名なイギリス領のマン島に所在する「アイル・オブ・マン・アシュアランス」なる会社などを経て、最終的にはナイジェル・ウッドという名のマン島在住者ら外国人四人に行き着くのだった。

二カ月後、大島商事は前出のフラナ・インベストメント・ジャパンに吸収合併され、消滅してしまう。そして、同日付で行われた商号変更により、こんどは吸収した側が大島商事を名乗ることとなった。その後、この新しい大島商事はケン・エンタープライズ名義など残りの株式を買い取り、最後、形式的には前出のオランダ法人の全額出資子会社となるに至る。ただし、この資本工作のあとも大島商事の経営全般に大島の強い影響力が及んでいたことに変わりはなかった。

なぜ、こんな複雑なことが行われたのか。

その頃、商工ファンドは東証二部から一部への昇格を計画していた。ところが、あることを理由に幹事証券会社から待ったがかかっていた。関連会社でパチンコ業を営んでいるのは望ましくないとされたのである。大島は商工ファンドが海外で公募増資した際知り合った信用調査の専門家を通じてマン島の会社と接触、そして前述のような複雑なスキームが仕組まれた。ケン・エンタープライズを介する形で資本関係のあった商工ファンドと大島商事とは切り離され、大島は無事に東証一部への昇格を成功させている。

ただし、繰り返しになるが、その後も大島商事は大島の影響下に置かれた。そこがこのスキームの要諦であり、そのことは大島商事が「IOMA REAL ESTATE」へと最終的に社名を変えた十年後になって、より明白となるのである。

フラナ・インベストメント・ジャパンの設立時に代表取締役と監査役を務めていたのは、東京駅の八重洲口近くで税務会計事務所を開業していた「レコルテ」というグループのメンバーだった。高田が大島商事で見た公認会計士はおそらくそこのスタッフだったと思われる。この頃から大島は彼らの手を借りながら関連会社間の組織再編や資本工作を繰り返すようになる。大島はさらに複雑なペーパーカンパニーのネットワークを構築しようとしていた。それは大島が松濤で新たに建設したまるで要塞のような自宅を舞台とする極秘の策謀だった。

狙いは課税回避である。

EB債スキーム

「松濤ゲストハウス」と呼ばれるその豪邸は三メートルはあろうかという高い塀によって四方を囲まれ、その内と外とは完全に遮断されている。鈍く黒光りする鋼鉄製の大型門扉が二カ所あり、辛うじて外界との行き来を確保しているが、磨りガラスが填め込まれているため塀の内側を覗くことはできない。

中空に突き出ている上部によって、塀越しでもその威容が十二分に窺える鉄筋コンクリート造りの居宅は二階建てで、不動産登記簿によると、その直下には二層に及ぶ地下室が深く穿たれているという。延べ床面積は一千七百二十三平方メートルにも及ぶ。畳一千枚を敷き詰めても、まだ足りない広さだ。

外部からの侵入者を警戒しているのだろう、塀や居宅の上部には少なくとも五台の監視カメラが据え付けられている。試みに門扉に近付いてみると、すぐに守衛所から筋骨逞しげな警備員が現れ、どうにも居心地の悪い緊張感を強いられることとなる。

関係者によれば、大島健伸は身辺警護のため、空手の師範が経営する都内の警備会社と契約を結んでいるのだという。大島は禁煙後のダイエットで空手を始め、この師範と知り合った。敷地の東側に「松濤館」と名付けた二階建ての道場を建設し、この師範が約十年前に日本空手協会を離脱して設立した新興の世界団体に提供したりもしている。

大島が松濤一丁目に新たな土地を最初に求めたのは一九九六年一月のことだった。その後、次々と隣地を買い増し、現在、土地は三筆に分かれ、総面積は一千九百三十三平方メートルにも及ぶ。大島の個人会社ケン・エンタープライズの名義で取得した広さ約八割を占める西側の二筆だけで、投じた資金は二二億円余りにも上った。東側の一筆はまた別の個人会社名義で取得しており、道場建設時には「ケン・エステート」により所有権が保存登記されている。

大島は西側の土地を買い上げたのと同時に居宅の建設に着手した。清水建設を幹事会社とする共同企業体に発注したそれは途中の設計変更費用や什器備品代も含め合計で二二億円近くもの大金が費やされた。大島は土地と建物でほぼ四四億円を投じたことになる。これほどの豪邸は都内でもそうそうお目にかかることはできないだろう。大島はそれを松濤ゲストハウスと名付けたのである。

大島とその家族は建物の完成後、もちろんそこを自宅として使ったが、なぜわざわざ「ゲストハウス」と呼んだのか。それは、自宅でありながら、自宅ではないものとして扱うためである。商工ファンドが一九八九年に株式公開した頃、大島の月額報酬は一〇〇万円だったといい、それほどの贅沢をしていたふうでもなかったという。しかし、松濤に自宅を求めた頃には違った。大島はいかなる人間に変容したのか、都内有数の豪邸を舞台とする強欲のストーリーはここから始まる。

建物が完成したのは一九九九年十一月のことである。その直前、松濤ゲストハウスの名義はケン・エンタープライズから「日本鑑定評価センター」なる大島が事実上支配する新たな会社に変更されていた。この時の譲渡価格は約二〇億円とされた。思い出してほしいのは前述した約四四億円という建設総額である。名義移し替えにより、ケン・エンタープライズはなぜか二四億円近い譲渡損を出した格好だったのである。

この時、名義変更の一カ月前の日付で作成された賃貸借契約書も存在した。貸し主は日本鑑定評価センター、そして、借り主は商工ファンドである。これにより、毎年一億二〇〇〇万円もの家賃が商工ファンドから日本鑑定評価センターに流れ込むこととなった。建物内にはルノワールの「裸婦」など絵画三十点近くが飾られた。それらも日本鑑定評価センターが年間一五四万円で商工ファンドに貸し出す形だった。大島の家族は商工ファンドから転貸される形で豪邸に住んだものとみられるが、家賃など詳細は明らかでない。

これら名義変更や賃貸借契約の日付は実際に決定された時期より二、三カ月はバックデートされていた疑いが強い。それは後述する奇妙なローン契約とも密接に絡むのだが、有り体に言えば、この時、大島は自宅を資金吸引マシーンに仕立てようとしていた。いまや公の企業となった商工ファンドから自身が事実上支配する会社に家賃などの名目で資金を吸い上げようとしたのである。自宅であるにもかかわらず、「ゲストハウス」と名付けたのは、商工ファンドが賃借するもっともらしい理由付けになると考えたからだろう。

しかも、大島の強欲はそこにとどまらなかった。注目すべきは名義移し替えによってケン・エンタープライズがわざわざ多額の譲渡損を計上した点である。これは明らかに課税回避を狙った行為だった。

一連の動きを理解するため、話はすこし遡る必要がある。

大島は商工ファンドが東証への上場を計画した一九九五年春頃からあることを懸念していた。ケン・エンタープライズ名義で保有する商工ファンド株を売却すると、キャピタルゲインに二六パーセントもの税金がかかることを心配していたのである。大島はそのことをドイチェ・モルガン・グレンフェル証券の林久子に相談した。林は国税局での勤務経験があり、海外留学でＭＢＡ

た。

（経営学修士）も取得したやり手で、大島は林が以前、メリルリンチ証券に勤めていた頃に面識を得ていた。林の転職後、大島はオフショア商品や決算対策用商品などを勧められるなどしていた。

金融の辺境である商工ローン業者に対し、その昔、日本の金融機関は冷淡だった。資金が飯の種である商工ローン業者は借り入れができなければ事業を拡大できない。大島が活路を見いだしたのは海外の金融機関だった。のちに商工ファンドはイギリスの投資銀行ＳＧウォーバーグでマネジャーを務めていた房広治を水先案内人に起用し、東証上場にあたって海外で大々的な資金調達活動を行ったが、すでにこの頃の大島は外資にこそ厚い信頼を寄せていた。

大島から相談を持ちかけられた直後の三月一日付で林がグループのドイツ銀行東京支店に送った「覚書」によると、この時点で大島はケン・エンタープライズをどこかの証券取引所に上場させることで売却益課税を一パーセントに収められる制度の活用を希望していた。これに対し林は上場基準の緩いルクセンブルク取引所での上場を提案し、さらに商工ファンド株を大島の支配下にある別の会社に移して、それと交換可能なワラント債（新株引受権付社債）を発行するアイデアも教示していた。

最初の相談から二年後、松濤ゲストハウスの建設に着手する半年前の一九九七年末、課税回避スキームは具体化に向け一気に動き出した。当時、ケン・エンタープライズの懐にあった商工ファンド株の含み益は二〇〇〇億円を超えていた。大島は公認会計士の田中稔とともに林を訪ね、課税回避の具体案を求めた。田中は大島商事の資本工作で出てきた税務会計事務所レコルテのボスである。

しばらくして林から提示されたのは三つの案だった。他社株転換社債（ＥＢ債）、普通社債、デュアルカレンシー債（二重通貨建債）の発行をそれぞれ利用する三種類のスキームであった。社債を発行するのはいずれの案でもケン・エンタープライズである。大島らが考えたのはこういうことだ。社債はどの案でも極めて高い金利で発行するものとされた。そうすれば、ケン・エンタープライズの利益は利払いでそれだけ減ることになる。その分、商工ファンド株を売った利益を相当額に上り圧縮することができるというわけだ。

「クーポンを高く設定できる」

十二月二十四日付で林から大島側に送られたファクスには、ＥＢ債の特徴がそう書かれてあった。クーポンとは金利のことである。

提案を受け取った大島はＥＢ債を使ったスキームを選択した。ＥＢ債は事前に指定する他社株の時価に応じて、償還形態が現金か他社株かに変わる仕組債のことで、この時想定されていたのは商工ファンド株だった。当初、田中は「直感的にはＳＦとは絡めない方が良いのではないか」と「ＳＦ」（＝商工ファンド）と連関するＥＢ債に否定的な見方を示したが、大島にはほかのスキームに比べてとにかく多額の利益が圧縮できる点が魅力に映ったようだ。

「4．吸引装置については名前を入れず社長の方へ詳細お願いします」

田中が翌日付で林側に返信したファクスの四番目の項目にはそう書かれていた。

ＥＢ債を引き受ける投資家には大島自身やその家族が想定されていた。しかし、大島らは真の投資家を見えなくするためペーパーカンパニー群を仕立てることにした。それを大島らは「吸引装置」と呼んだのである。それらダミーを使えば、商工ファンド株の売却益を圧縮できるだけでなく、大島らが受け取るEB債の利息を海外に隠し、その課税を逃れることも可能と考えたのだ。「吸引装置」について名前を入れず、詳細の打ち合わせに関しても、「社長」つまりは大島との間で行うことを求めたのは、ペーパーカンパニーの一部を大島自らが用意する考えだったからである。

田中からのファクスを受け取ったドイチェ・モルガン・グレンフェル証券の担当者は「1998…2000．5 2001↑株売却40～50 40億円赤字」と暗号めいたメモを書き込んでいる。その時点で大島らはEB債の利払いによって二〇〇〇年五月までにケン・エンタープライズが蓄積する赤字額を四〇億円程度と見積もっていた。そして、保有する商工ファンド株を二〇〇一年に売却し、その利益と赤字とを相殺する腹づもりだった。

大島や林らは検討の過程で、資金ルートの中継点となるSPC（特別目的会社）は四つ必要だと考えていた。「SPC1」から「SPC4」まであり、そのうち最終的な「吸引装置」となる「SPC3」を大島が用意することになった。

田中からのファクスを受け、林は残り三つのペーパーカンパニー群の用意をさっそく始めた。世界の富裕層相手に取引を行っているドイツ銀行グループの資産運用部門はイギリス領のジャージー島に拠点があり、タックスヘイブンでのペーパーカンパニー設立はお手の物だった。

「アスチュラ・インベストメント」

EB債スキームの利息と償還資金の流れ（1998年5月〜2000年9月）

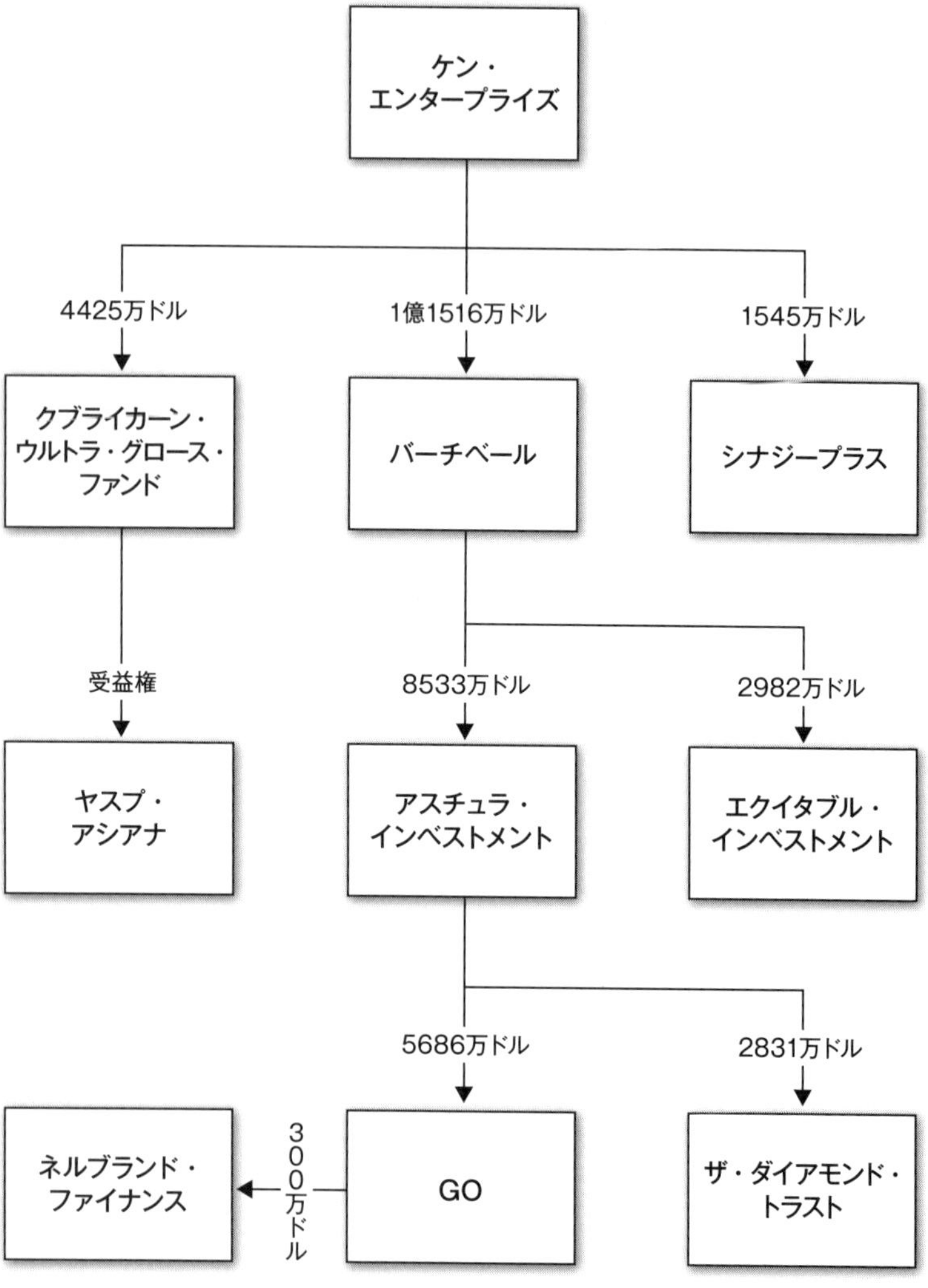

「バーチベール・インベストメント」

「コパー・インベストメント」

林が用意したペーパーカンパニーはアルファベット順にそう名付けられた。前二者はジャージー島、後者はケイマン諸島で設立されたものである。

「エクイタブル・インベストメント」

他方、大島が用意したペーパーカンパニーはそう名付けられていた。カリブ海のバハマで設立されたもので、どうやら大島はスイスのプライベートバンクであるユニオン・バンケール・プリヴェの手を借りて、それを用意したようだった。

大島らはペーパーカンパニー群を組み合わせた「吸引装置」の最終段階を「出口ルート」と呼んでいたが、それこそがエクイタブルに与えられた役割だった。ＥＢ債の利息は前述したバーチベールの関連リミテッド・パートナーシップ（投資事業有限責任組合）に支払われる。エクイタブルはそのリミテッドパートナー（ＬＰ）となることで蓄積された資金を自在に操ることができるのである。しかし、スキーム構築の狙いからすれば、そこでは大島の影を消し去ることが求められる。

ドイチェ・モルガン・グレンフェル（ＤＭＧ）証券の担当者は手持ちのノートに「ＬＰと社長の関連を切る形：ＤＭＧを間に入れる」とのメモを書き留めている。年が明けた二月五日付で林が作成したスキーム図では、エクイタブルのオーナーが「日本人であるＭｒ．Ｘ」と、何やら安手のスパイ映画にでも出てきそうな匿名で記されていた。

並行してEB債の発行額も詰められていった。前述したように、引き受けの原資となるのは大島やその家族の手持ち資金である。二月二日付で田中が林側に送信したファクスには「現在即Note引受可能額は、約$90mmです」との記述が残されている。その時点では大島側がすぐに用意できる額は九〇〇〇万ドルとされていた。

その後二日間で大島と林は直接面談を重ねて重要な部分を詰めていった。林がEB債スキームの最終的な発行概要案をまとめるにはさらに二週間余りを要した。

一九九八年二月二十七日、ケン・エンタープライズはドイツ銀行を通じてEB債五〇〇〇万ドルをイギリスで発行した。さらに続く三月六日にも六五〇〇万ドル分を発行している。当時のレートで換算すれば、一四六億円にも上るファイナンスだった。設定された利息は実に二一・二五パーセントという高い金利である。

協議の結果、スキームはさらに複雑なものとなっていた。EB債を直接引き受けたダミーは前述したバーチベールだけでなく、ほかにもあった。ジャージー島に設立された「クブライカーン・ウルトラ・グロース・ファンド」なるユニット・トラスト（投資信託）とマン島の「シナジープラス」という法人が直前になって加えられたのである。

発行を二回に分けたのには理由があった。最初の五〇〇〇万ドルが払い込まれたケン・エンタープライズはそのうち七〇〇万ドルを即座に前出のケイマン法人であるコパーに出資していた。コパーはそれを元手に大島が支配するヘッジファンドを六八〇万ドルで取得した。そして、大島はそれを原資の一部として二回目のEB債を引き受けたのである。要するに資金還流によって

EB債の発行額をかさ上げしたわけだった。

のちに行われた税務調査では、このEB債スキームのさらに複雑なネットワークが突き止められている。たとえば、最初に大島から拠出された五〇〇〇万ドルは次のように流れていた。まず大島は年利一・五パーセントの社債を引き受けるとの名目でアスチュラに資金を流した。アスチュラはその資金を元手に米国債を購入、それを年約五・五パーセントの品貸し料でバーチベールに提供する。そして、バーチベールは借り受けた米国債をその日のうちに売却して現金化、EB債の引き受け資金五〇〇〇万ドルに充てていた。

ペーパーカンパニー群の有機的結合はより複雑になった。ケン・エンタープライズはEB債の中途償還と利払いで二〇〇〇年九月までに一億七〇〇〇万ドル以上を三つのペーパーカンパニーに戻したが、その資金はさらに別の一群に流れていた。バーチベールからはアスチュラとエクイタブルに流れ込み、さらにそこから「ザ・ダイアモンド・トラスト」(ケイマン諸島)と「GO」(同)、さらに「ネルブランド・ファイナンス」(ジャージー島)へと資金が移し替えられていた。クブライの先には「ヤスプ・アシアナ」(ジャージー島)が控えていた。

ここまででも、大島らが構築した国際的課税回避スキームは十分に手が込んでおり、門外漢には即座に理解するのが難しいほど複雑だ。タックスヘイブンのペーパーカンパニー群を悪用する手法はライブドアを舞台とする粉飾決算事件で広く知られるところとなったが、大島は十年近くも前にその魔力を見いだしていたことになる。そして、このネットワークをさらに進化させることに、大島は心を奪われていく。

ベントリアン・ローンから匿名組合方式へ

EB債スキームが機能し始め、松濤ゲストハウスの建設が進んでいた頃、大島健伸は四人の弟妹からある相談を持ちかけられていた。

弟妹四人は株式公開前から商工ファンド株をすこしだがあてがわれていた。一九九九年六月、大島の仲介の下、四人は商工ファンド株をブロックトレードにより売却し、それぞれ七億円弱の大金を手にしていた。大和証券でそれを運用し、四人は生活資金に充てようと考えた。しかし、運用はうまくいかず、各自の資金は一割ほど目減りしてしまっていた。そこで大島に対し、国債よりも有利な条件で運用できないものか、と相談を持ちかけたのである。

その年の秋までかかり、大島はあるスキームの原型を考えついたが、前回と異なりこの時はドイチェ・モルガン・グレンフェル証券に依頼しなかった。林久子は同社を辞めていた。後任者に対して「対応が無礼」と感じていた大島は、転職先のUBSウォーバーグにまで林を追いかけた。ただ、UBSで扱うには大島が考えついたスキームの規模は小さすぎた。そこで、林は以前からの知り合いだった「ボス・アンド・ケイコンサルティング」の経営者、柿沼孝始に話をつないだ。大島は柿沼に実務を依頼し、さらに商工ファンドの社員も手伝わせることにした。

ここで大島の考えついたスキームこそが、松濤ゲストハウスを自らの利益の極大化のためだけに利用し尽くそうとする強欲物語の第二幕だった。先に触れたように、名義変更によってケン・エンタープライズがわざわざ多額の譲渡損を計上したのは、高金利のEB債発行と同じ発想からだ。そして、今回の大島は、商工ファンドから毎年一億二〇〇〇万円の家賃が流れ込むこととなった日本鑑定評価センターを、新たに構築する「吸引装置」に繋げようとしたのである。

二〇〇〇年一月、大島の指示により四人の弟妹は「コイオス・インベストメント・トラスト」なるリヒテンシュタイン法に基づいて組成されたユニット・トラストの受益権を購入する。四人から入金された二五億円は次のように流れた。

六日後、コイオスは社債取得の名目で「ベントラー・カンパニー」(ケイマン諸島)に二五億円を送金、その日のうちにベントラーはやはり社債取得の名目で「ベントリアン・カンパニー」(同)に同額を送金し、さらに資金は柿沼が代表を務めるベントリアン日本支店に振り替えられた。六日後、二五億円はある日本企業に貸し付けられる。貸付先となったのが日本鑑定評価センターだった。

のちにこの融資は関係者間で「ベントリアン・ローン」と呼ばれるようになる。種明かしをすれば、設立間もない日本鑑定評価センターは先ほどの松濤ゲストハウスの売買契約書に記載された日付には代金を支払っていなかった。実際にはベントリアン・ローンの二五億円を元手にケン・エンタープライズへの代金決済を行っていたのである。松濤ゲストハウスの名義変更の日付がバックデートされた疑いが強いと指摘したのはそうした理由からだ。

さて、こんどは資金を吸い上げる番である。商工ファンドから支払われる家賃は日本鑑定評価センターから逆のコースを辿り、ローン金利の名目などでベントリアン、ベントラー、コイオスを経て、最後、大島の弟妹四人に流れる。これで大島は面倒見のよい長男として応分の責務を果たすことができるわけだ。

ところが、大島は途中で気が変わったらしい。商工ファンドから弟妹四人に至る資金ルートに別の「吸引装置」を接いだのである。

カリブ海に浮かぶ英国領バージン諸島には「ラファエロ・マネジメント」というペーパーカンパニーが登記されていた。ラファエロに出資していたのは「クリオス」なるリヒテンシュタイン法に基づき組成されたユニット・トラストである。二〇〇一年二月、ラファエロはベントリアン・ローンを使った資金ルートのちょうど中間に位置するベントラーの優先株を一万ドルで引き受けた。

それと同時に資金ルートの末端にも変更が加えられた。大島は弟妹四人が持つコイオスの受益権をケン・エンタープライズが新たに発行する社債と交換させたのだ。社債の金利は年二・九パーセントである。国債利回り以上の安定収入を望んでいた弟妹四人にとっては、実情を知らない限りにおいて、決して悪い話には聞こえなかったことだろう。

ところが実際に行われたのは中抜きだった。日本鑑定評価センターがベントリアンに支払っていたローン金利は年一一パーセントである。そのうち弟妹四人への利払いに充てられたのは三・二パーセントだけだ。残りのうち七・五八パーセントはベントラーを経由して優先株の配当名目で先ほどのラファエロへと続く「吸引装置」に流し込まれた。その先にいたのは大島の長男と長

ベントリアン・ローンの仕組み（2001年）

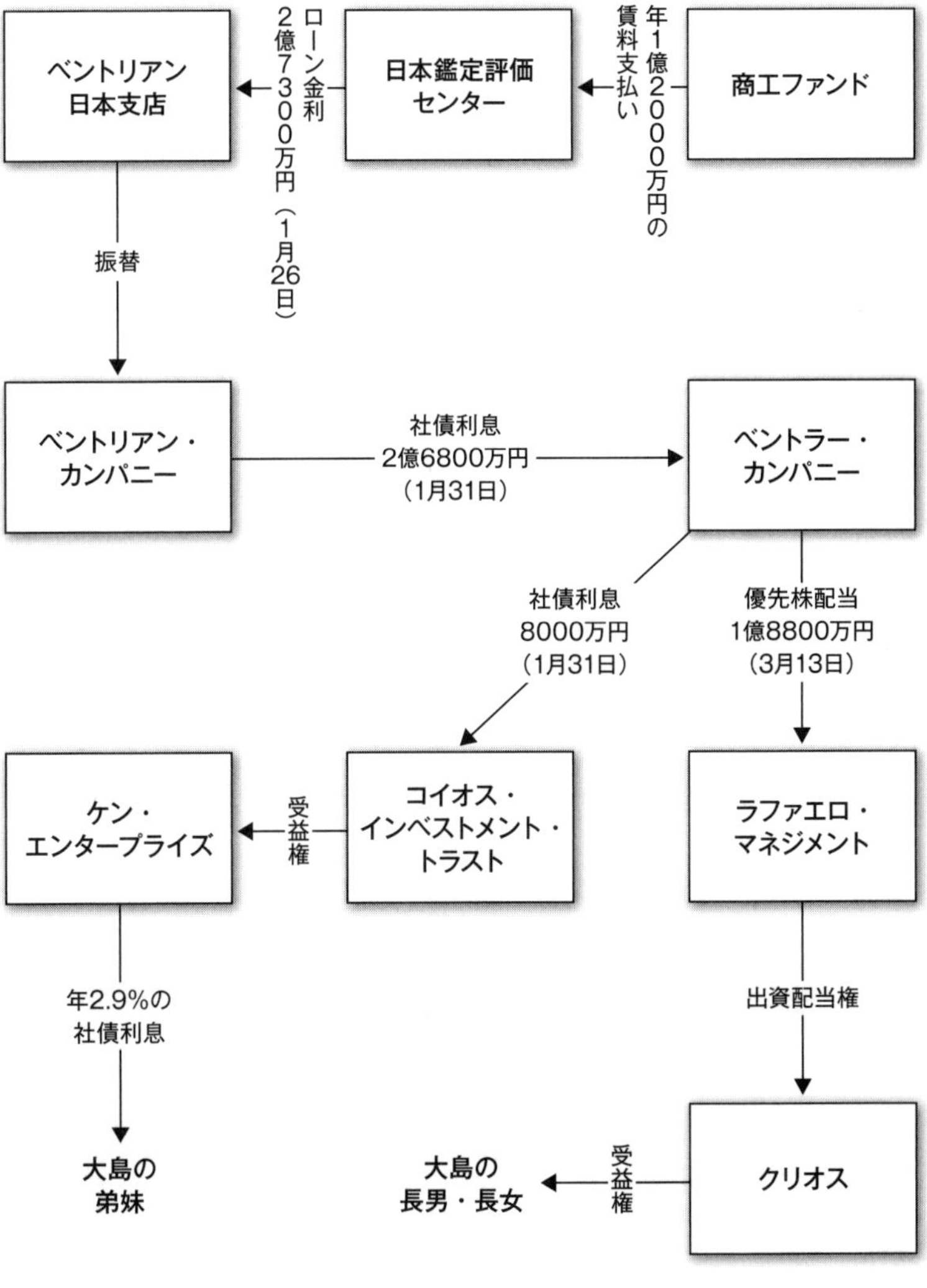

女だった。「吸引装置」が接がれた翌月には、わずか一万ドルの出資に対して、一億八八〇〇万円もの大金が配当名目でラファエロに流れ込んだ。

大島は国際的課税回避スキームが持つ魔力に取り憑かれたようだ。まるで中毒患者のようにスキームいじりに没頭した。課税回避マニアと呼べるかもしれない。ベントリアン・ローンのスキームは一年ほどしか続けられなかった。二〇〇一年三月末、スキームはのちに「匿名組合方式」と呼ばれるものへとバージョンアップされるのである。

松濤ゲストハウスは日本鑑定評価センターから「ブルーバード」へと転売された。ブルーバードは二週間前に公認会計士の田中稔が主宰する事務所内に登記されたばかりだった。同社はその年の三月と七月の二回に分けて一九八〇万ドルを調達して、日本鑑定評価センターへの代金決済に充てた。では、その資金はどこからもたらされたのか。

ブルーバードは松濤ゲストハウスを資産とする匿名組合を組成し、「ハンフリー・トレーディング」なる英国領バージン諸島籍の会社から出資金を受け入れていた。ハンフリーは大島がリヒテンシュタインのLGT銀行につくらせたペーパーカンパニーである。件の一九八〇万ドルはすべてハンフリーが払い込んだものだった。

さらに遡ると、この出資金の出所は例のEB債スキームで登場したアスチュラが中途償還と利息によって得た資金をプールしていたものだった。アスチュラはそのなかから社債買い戻しの名目で二〇〇〇万ドルをやはりEB債スキームで使われたGOに流し、さらにGOが社債購入を名目にハンフリーにそのままそれを流していたのである。

複数の受け皿の間を様々な名目で資金が複雑に異動しているが、全体を俯瞰すれば、大島の手の内を右から左へと動いているだけに等しい。先のEB債スキームで大島らからペーパーカンパニー群を経てケン・エンタープライズに流れ込んだ計一億一五〇〇万ドルにしてもそうだった。同社は払い込まれた資金を運用するとの名目で、英国領バージン諸島に「パンフィールド」と名付けた新たな全額出資法人を設立して、約五六億円を資本金に拠出していた。しかし、目算が外れてケン・エンタープライズ自身の資金繰りが逼迫すると、すぐに有償減資の名目でそのうちの四二億円を繰り戻している。

肝心なのは商工ファンドから支払われた松濤ゲストハウスの家賃が複雑なネットワークを通じて最後は大島やその家族の許に流れ込んでいたという事実である。二〇〇一年八月と翌年八月にブルーバードがハンフリーに対して分配金名目で支払った金額は約一億一〇〇〇万円に上っていた。

華麗なる結婚披露宴

二〇〇二年十一月十三日の夕刻、大島健伸は商工ファンドの本社会議室で東京国税局の調査官と向き合っていた。大島の横には商工ファンドの草創期から側近を務めてきた常務の小尾敏仁、それに税務会計事務所レコルテの田中稔と櫻井和儀がいた。国税調査官はベントリアン・ローンの金利が一一パーセントと低金利下の日本においては異常に高いことについて大島を問いつめていた。東京国税局資料調査第三課が作成した調査報告書がそのやりとりを書き留めている。

当局「しかし、今回の場合は投資家が兄弟に決まったのに利率11%が変わらないのはなぜか。一般的に考えれば海外投資家向けということでとった利率をそのまま使わなくてもいいのではないか」

それまで大島側は一一パーセントという金利が海外市場での調達を前提としたものだったとの説明を行っていたようだ。だが、国内に居住する大島の弟妹が最終投資家となる調達ではこの理屈が通らない。そこを当局は衝いた。それに対して、大島がどう回答したかは不明である。おそらく、大島は一一パーセントという高い金利にも経済合理性があることをとうとうと述べたものと思われる。調査報告書の記載はこうなっている。

大島「(話はしているが、明確な回答なし)」

本人としては自らが構築した課税回避スキームに絶対的な自信を持っていたにちがいない。しかし、結局、大島とその家族、それにケン・エンタープライズは二〇〇三年三月から十一月にかけ、一九九八年からの五年間に一〇〇億円を優に超える巨額の申告漏れがあったとして渋谷税務署から更正処分を受けた。その後、徹底抗戦の構えに入った大島側は不服審判を経て裁判所にまで争いを持ち込んでいる。

大島が訴訟代理人に起用したのは、青色発光ダイオードの発明対価訴訟で二〇〇億円の支払いという史上空前の一審判決（二審では八億円余りで和解）を勝ち取っていた敏腕弁護士、升永英俊と荒井裕樹の二人だった。二ルートに分けて起こされた裁判は法人税訴訟の一審でこそ大島の言い分が一部認められた。しかし、その後の展開は大島の期待を裏切るものだった。大島が全面敗訴する形で最高裁判決が確定したのは商工ファンドがＳＦＣＧへと社名を変更し、そして経営破綻したあとの二〇〇九年五月のことだった。

大島は以前に紹介した対談本において、あるべき国家像として「夜警国家が望ましい」との発言をしている。もともとは十九世紀のドイツの社会運動家ラサールが批判的に用いた言葉である「夜警国家」は、政府の役割を外交防衛や治安に限定する自由主義的な国家像を指すものだ。社会保障を充実させる「大きな政府」とは対極に位置し、「小さな政府」のなかでも最も急進的な考え方といえる。

夜警国家を望む大島が納税を嫌っていたのは、唯物論的な意味で腑に落ちる話ではある。大島は対談本において「私は『統制、絶対反対』です」とも叫んでいる。大島は業界活動さえ嫌っていたとされ、ビジネスでの成功はすべて個人の利益に帰すべきとの考えをあからさまに持っていた。

そんな大島にとって、二〇〇一年八月十二日に開かれた長女の盛大な結婚披露宴はまさに成功物語の絶頂だったことだろう。その日、アメリカはニューヨークの郊外ラッティングタウンで華麗なる集いは催された。ホワイトハウス主催のパーティーを担当したこともあるという著名デザイナーの会社に企画・運営を依頼し、一流演奏家の奏でるハーモニーが祝賀ムードを盛り上げるなか、大勢の招待客には高級料理が存分に振る舞われた。大島家側が負担した費用だけで、その額は九八四三万円にも上った。

東京大学からイェール大学に転入したという才媛の長女、由貴は、長男の嘉仁より性格的に父親似とされる。そんな由貴が現地で知り合ったのはユダヤ人実業家の子息だった。夫となったブルース・ウィルポンは、メジャーリーグの有力球団ニューヨーク・メッツのオーナーで知られるフレッド・ウィルポンの息子である。在日コリアン出身の大島は自ら巨万の富を手にしたばかりでなく、長女の結婚を介して、ついにユダヤ資本とも切り結んだのだった。

結婚披露宴に招かれた客人のリストは随分と興味深いものだ。

日本からはスパークス・アセット・マネジメント投信（現スパークス・グループ）社長の阿部修平の夫妻が招かれていた。ヘッジファンド業界の大御所であるジョージ・ソロスの下にいたこともある阿部はその頃、西友や兼松の第三者割当増資を引き受けて注目を集めていた新進気鋭の投資家だった。

大島の個人会社であるケン・エンタープライズは「インディペンデンス」というダミー会社を通じてスパークスに出資していた。ダミー会社は商工ファンド色が出るのを避けたい阿部の要請に基づいて設立されたものだった。結婚披露宴から四カ月後にスパークスが株式公開した際、インディペンデンスは保有株を売り出し、約六億円を手にしている。

外国人招待客のなかにはテレビの有名司会者であるラリー・キングもいた。ほかに、ゴールドマン・サックスのアジア部門責任者や、大手小売業シアーズの創業者一族の顔ぶれがあり、ナスダック市場の創設者であるバーナード・マドフも夫人を伴ってそこに招かれていた。

やはりユダヤ人であるマドフはその後、二〇〇八年末になり、巨大なネズミ講を主宰していたことが明るみに出る人物だ。詐欺の被害額はおよそ六兆円にも上った。名だたる金融機関が見事に騙されたが、日本企業でも野村ホールディングスなどが被害に遭ったとされる。マドフはユダヤ人のコネクションを頼りに資金集めを行っていた。映画監督のスティーブン・スピルバーグも被害者の一人だ。この日、結婚披露宴に招かれたラリー・キングも被害に遭っている。大島と縁戚関係を結ぶこととなったフレッド・ウィルポンも数百億円の損害を被ったとされる。

後日、大島は結婚披露宴で負担したうち四三二九万円をケン・エンタープライズの交際費として処理した。大島の長女が同社の取締役を務めているというのが、その理由だった。しかし、これも国税当局によって否認されている。

それはともかく、この時、絶頂を迎えた大島はその後の転落を微塵も予想していなかったにちがいない。大島のレトリックの特徴は有名書物からの引用や、ちょっとした専門用語を持ち出して、それを自らの行動に当てはめて語るところにある。どうにも衒学的で皮相的にしか感じられないのだが、そんな大島が好んで使うのが「コンドラチェフの波」だった。景気循環のなかで最長の波動であるそれは約五十年の周期をもって現れるとされる。大島はその波動を事前に捉えて経営に生かしてきたからこそ、商工ファンドの興隆があったと、例の漫画『天馬行空』で力説している。

しかしながら、大島は真の波動を捉えることには失敗する。激しいバッシングののち、本物の大波が大島を呑み込もうとしていた。

第4章 新銀行の乱気流

落合伸治という男

「木村さん、安田善次郎を知っていますか？」

木村剛の著書『金融維新』によると、初対面の落合伸治は最初の杯を干すや唐突にそう話しかけてきたのだという。同書において木村は、そんな落合の第一印象について、「デカイ顔の男」とも書き記している。

落合が持ち出した安田善次郎は、安田銀行を創設するなど明治から大正にかけて活躍した実業家で、のちの芙蓉グループへと続く金融財閥を築き上げた人物である。木村と同じ富山の郷土人でもあった。人たらしで知られる落合だが、温めていた新銀行の構想を切り出そうという場面で、ゆかりの経済人の名前を挙げたのは、一流の演出だったにちがいない。

二〇〇三年三月十七日、日本橋三越近くの小料理屋「松楽」で、木村と落合は初めて顔を合わせた。二人の仲介役となったのは朝日監査法人副理事長の亀岡義一だった。「金融再生プログラム」を前年十月末に策定したあと、木村は「金融問題タスクフォース」の正式メンバーからは外れたものの、「竹中チーム」発足と同時に就任した金融庁顧問の肩書はそのままだった。

この日が初顔合わせとなった落合は、木村から五つ年下の一九六七年生まれで、その頃は「オレガ」というノンバンクを経営していた。大学在学中に商売の世界に飛び込んでいたから、経営者としてのキャリアは落合のほうが木村よりはるかに長かったことになる。しかも、経済界の酸いも甘いも噛み分けてきた落合にはある種の手練手管が備わっていた。

落合が起業家を目指したのは父、文太郎の影響であったことは疑いようがない。文太郎は都内で「太平産業」という有限会社を経営し、消費者金融業やホテル業を手がけていた。日本がバブル景気に沸いた頃には静岡県熱海市で「ホテルサン三橋」を開業し、演歌歌手の三橋美智也を社長に据えるなどしていた。

一浪したのちに駒澤大学へと入学した落合は一九八八年に「落合総合企画」を設立する。父親が経営する会社から回してもらう仕事がすべてという広告代理店だった。この頃から落合の羽振りは随分とよかったようだ。落合とは武蔵高校時代からの友人で設立四年後に落合総合企画へと入社した長倉統己は「二十歳の時に国分寺市内に三億円の自宅を買ったと落合から聞いたことがある」とにわかには信じがたい逸話を覚えている。

しかし、落合はほどなくして苦境に陥った。頼みの綱としていた太平産業がバブル崩壊で経営に行き詰まり、一九九二年にあえなく破産してしまったからである。落合総合企画は生き残りのため「夢飛行クラブ」と題するイベント業や保険代理店業など様々な新規事業を模索する。そのなかで当たったのが労働組合に対する福利厚生代行業だった。これによって落合は何とか一息つくことに成功する。

そうこうするうち、父の文太郎が破産を乗り越え、復活を果たそうとしていた。後ろ盾となっていたのは東京相和銀行に長年君臨した異形のバンカー、長田庄一だった。ある時、長田は文太郎に対して金融業を始めないかと持ちかけた。だが、破産手続き中の文太郎には使える駒がない。そこで利用されたのが落合総合企画だった。東相銀との共同出資でノンバンクの「国際信販」が設立されたのは一九九七年のことである。

長田が何を企図して文太郎に金融業を勧めたのかは明らかでないが、結果を見るなら、落合総合企画や国際信販は東京相和銀行の別働隊として利用された。両社は同行から約一八〇億円を借り入れていた。そして、それをそのまま消費者金融の「三和ファイナンス」や「日立信販」といった東相銀の大口融資先に貸し付けていたのである。卸金融といえば幾分聞こえはいいが、トンネル会社も同然だった。東相銀の大口融資規制逃れに利用されていた疑いは濃厚である。

長田の後ろ盾を得た文太郎は、役員など正式な肩書を持っていなかったものの、落合総合企画の社内では「会長」と呼ばれ、影のオーナーのように振る舞っていた。ところが一九九九年、東京相和銀行がファミリー企業への乱脈融資により経営破綻してしまう。再び独り立ちを余儀なくされた落合は融資先を一から開拓するかたわら、「老人キラー」として人脈を広げることに精を出すようになる。

前出の長倉によると、落合の人脈で起点となったのは異業種交流を目的に通商産業省が音頭を取っていた「社団法人ニュービジネス協議会」で知り合った大和証券元専務の磯田拓郎だった。そこから落合はひと癖もふた癖もあるようなベンチャー経営者に次々と楔を打ち込んでいった。

二〇〇一年初め、落合は磯田を介してネミック・ラムダ創業者の斑目力廣と知り合う。斑目は高野山大学大学院で密教を修めたのち、自動車や百科事典のセールスマンに転じ、その時に培った人脈を生かして新潟県にネミック・ラムダの前身を設立、あの田中角栄の支援も受け、会社を世界的な電源メーカーへと成長させた異色の経営者だ。

さらに落合はドトールコーヒー創業者の鳥羽博道や、白アリ駆除大手のキャッツを興した大友裕隆とも知り合い、彼らに可愛がられるようになる。これまで何度か登場してきた「日本ベンチャー協議会」にも参加して、落合は人脈づくりに励んだ。

落合はそうしたベンチャー経営者に物心両面で支援を仰いでいたが、なかでも大きな存在だったのが、日本マクドナルド創業者の藤田田である。落合は藤田の個人会社「藤田商店」から億円単位で資金を支援してもらった。落合が新銀行構想を口にし始めたのも、実は藤田の影響が大きかった。

「ノンバンクはしょせんノンバンク。世間の受けはよくない」

落合は長倉ら周辺にそう愚痴をこぼすことが多かった。そうしたなか、破綻後の日本債券信用銀行を買収したソフトバンクで社外取締役を務めていた関係から銀行業に興味を示していた藤田と意気投合し、落合は「マクドナルド銀行構想」を思い描くようになる。ハンバーガーショップ内にローン相談窓口や現金自動預払機（ATM）を設置して、外食産業と銀行業とを融合させようという構想であった。

この話が持ち上がったのは二〇〇〇年頃のことだった。当時、日本マクドナルドが主宰するシンクタンク「フジタ未来経営研究所」で理事長を務めていた竹中平蔵も構想を聞くや、「ぜひやってもらいたい」と面白がっていたという。

落合は社内に専門部署まで設けて新銀行構想に没頭した。そこで、藤田から銀行業に詳しい人物として第一勧業銀行元専務の小穴雄康を紹介される。小穴は日本マクドナルドの草創期にその将来性を見いだし、一〇億円もの無担保融資をぽんと出した人物で、以来、藤田とは固い絆で結ばれていた。もっとも、そんな小穴だったが、マクドナルド銀行構想に対しては、コスト割れのおそれが強いとして、この時、苦言を呈する立場だった。

構想はいったん後退を余儀なくされたが、落合の周りには金融界のエスタブリッシュメントがその後も続々と集結した。磯田を介して助っ人としてやって来たのは日本債券信用銀行元専務の阪田登だった。その阪田はかつて部下だったあおぞら信託銀行元社長の大久保資や、同様にその後、国際会計事務所プライスウォーターハウス・クーパースの関連法人に移っていた田作朋雄と砂長淳洋を連れてきた。

そうしたなか、さらに落合が接触を図ろうとしたのが当時、金融担当大臣のブレーンと目されるようになっていた木村だった。

「金融再生プログラムに良いことが書いてあります。銀行をつくりたかったらすぐにできると。東京ＪＣメンバーが二〇億円集めればすぐにつくれます」

二〇〇三年二月十二日、木村は新橋の第一ホテル東京で開かれた東京青年会議所（ＪＣ）の例会に講師として招かれ、居並ぶ会員を前にそう語りかけていた。不良債権問題の解決を眼目とする金融再生プログラムではあったが、そこには「中小企業の資金ニーズに応えられるだけの経営能力と行動力を具備した新しい貸し手の参入については、銀行免許認可の迅速化（中略）を積極的に検討する」との一文が添えられていた。

その日、木村の話に聞き入っていた聴衆のなかに落合もいた。ちょうどその頃、落合は知人の公認会計士の伝手で朝日監査法人の亀岡を紹介され、そこから木村とも接点を持とうとしていたところだった。

「このあいだの木村さんの話、面白かったよな」

落合は青果卸会社社長で東京青年会議所の理事長を務める平将明に会うなり、興奮した様子だった。落合には閃くものがあったのだろう、東京ＪＣでの講演から一カ月後、木村との初顔合わせが実現する。そして、その場で唐突に持ち出したのが銀行王、安田善次郎の故事であり、自らが数年来思い描いてきた新銀行の構想だった。

遡ること数カ月前、落合は落合総合企画と国際信販とを合併させてオレガへと社名を改めていた。長倉によれば、「オレガという社名は他人がやるんじゃなくて俺がやるという意味から付けたもの」だったという。落合の前のめりな姿勢は相変わらずだった。そんな落合に対して、木村は「男の心意気」を感じたらしい。およそ経歴も立場も異なる二人だったが、この日の会食を機に新銀行構想は実現に向け大きく動き出すこととなる。

オレガの全額出資により、日本振興銀行の準備会社となる「中小新興企業融資企画」が資本金一〇〇〇万円で設立されたのは二人が初めて会った日から一カ月も経っていない四月十日のことだった。

一億円のコンサル契約

その年の春、金融危機の最後の大きな渦はりそな銀行を呑み込もうとしていた。

木村剛が「かりそめの資本」と呼んでことさら問題視していた繰延税金資産の計上をめぐり、りそな銀行と監査法人との間の協議は水面下で重大な局面を迎えていた。四月末には新日本監査法人とともに共同監査を担当していた朝日監査法人が同行に対し辞任の意向を伝えていた。五月に入ると、りそな銀行の命運はもはや決したも同然だった。金融庁は預金保険法第百二条による実質国有化に傾き、政府による金融危機対応会議の招集に向け、根回しは着々と進められていった。木村が主導して策定された金融再生プログラムにより、十年に及ぶ不良債権問題はいよいよクライマックスを迎えようとしていた。

金融担当大臣である竹中平蔵の下で補佐官を務めていた岸博幸は、木村について「国士とビジネスマンの二面性がある」と指摘する。「りそな危機」のシナリオライターともいえる木村だが、それが頭をもたげつつあった頃、そこにはまったく関与していない。別の場で木村は普段表には出さない「ビジネスマン」としての顔を見せていたのである。

五月一日、木村が社長を務める「KPMGフィナンシャル」は落合伸治率いるオレガとの間で一億円に上るコンサルティング契約を結んでいる。新銀行の設立に向けてKPMGフィナンシャルがオレガを丸抱えで指導していくための契約であり、一億円の根拠はコンサルタント約十人を少なくとも約四千時間投入することの対価とされた。

二十日後、KPMGフィナンシャルはその一億円により新銀行の準備会社である中小新興企業融資企画の増資を秘かに引き受けた。この時、オレガ側も増資を引き受けており、両社は折半出資となる形だった。オレガで落合の右腕だった長倉統己によると、木村が銀行免許の取得を担当し、落合が目標の二〇億円に向けて資本金集めを担当することで、二人の間では役割分担がなされていたという。木村は準備会社の社外取締役に就任し、表向き広報担当という立場だったが、当初から新銀行構想は木村と落合による共同事業との性格を帯びていた。

この時点で木村は帰らざる川を渡ったといえる。それまでの金融コンサルタントという決してリスクを負うことのない安全な立場から、大株主という金銭的リスクを直接負う立場にところを変えたからである。そして、この頃、KPMGグループでその言動が問題視されるようになっていた木村は、会社をＭＢＯ（経営陣による買収）により買い取り、社名を「ＫＦｉ」へと変更するに至っている。

当時の木村の心中を推し量ることはできないが、新銀行構想に深入りしたちょうどその頃、拠って立つ経済的基盤は大きく揺らいでいた。そのことが木村の行動を少なからず左右していた可能性を、ひとまずここでは指摘しておきたい。

「ミドルリスク・ミドルリターン」を掲げる新銀行の構想が正式に発表されたのは準備会社設立から四カ月後の八月二十日夕刻のことである。

日銀クラブで行われた記者会見には木村と落合のほか、東京青年会議所理事長の平将明も出席した。詰めかけた報道陣を前に三人は中小企業に対して無担保・無保証で融資を行う新銀行の構想を熱く語った。経緯からすれば、木村と落合が二人三脚で主導するプロジェクトだったが、配布資料には「東京ＪＣ銀行構想」と銘打たれ、二人の色を打ち消そうとする意図が感じられた。

その日の朝、木村は前年十月から務めていた金融庁の顧問を辞任している。順序としては直後に中小新興企業融資企画が金融庁に対し銀行免許の予備申請を提出する形だった。のちに国会で行われた質疑によれば、事前相談を経ない予備申請はこれが唯一のケースだったとされる。木村としては、免許を下ろす側と下ろされる側の利益相反関係を、そこで整理したということだったのだろう。

構想が発表された前後から新銀行はやや冷淡な視線を投げつけられながら「木村剛銀行」と呼

ばれるようになる。不良債権問題について当代きっての論客であり、金融庁で顧問まで務めた人物が関与する構想だけに、そうした目で見られるのは当然予想されたことではあった。

しかし、これに対し、木村本人は誰よりも激しい反発を示した。自らを「草莽の志士」になぞらえた前掲の『金融維新』において、木村はこう怒りをぶちまけている。

「『ところが』と言うべきか、『予想どおり…』とするべきか、一部の無責任なマスコミは、関係者の真摯な思いを素直に受け止めることなく、非常勤の外部取締役の1人に過ぎない私の名前を冠して『木村剛銀行』などというくだらないレッテル張りを始めようとしている。正しくは『東京青年会議所の有志の熱い思いが結晶した銀行』と形容すべき新銀行構想を、『とにかく受ければいい』という、きわめて低俗で迎合的な論調で語ろうとする。あるいは、このプロジェクトがわが国貸出市場に与えるプラスインパクトを評価することなく、表舞台に躍り出ようとしている落合伸治という男の個人攻撃に全精力を注いだりしている」

マスコミの寵児だった木村が、姿勢を百八十度転換して、なぜこれほどまでに敵意を剥き出しにしたのかは理解できない。「木村剛銀行」と呼ばれることにそれほどの不都合があったとも思われない。大人げない過剰反応ぶりは、理路整然と不良債権問題を語っていた木村の知られざる一面を見せつけるものであり、のちに振り返ればそれこそが木村自身だったと思わせるエピソードといえる。

この時を境に木村はマスコミの取材にほとんど応じなくなった。かわりに、木村は自らの発言の場を求めて、雑誌を創刊するという極端な行動に走っている。新会社の「ナレッジフォア」を設立して、月刊誌『フィナンシャルジャパン』を創刊したのは、これより一年余りのちのことである。大手ディスカウント店チェーン、ドン・キホーテの創業者である安田隆夫が五〇〇〇万円の資金援助をするなど、この時点では少なくない経済人が木村を応援していた。

木村の責任編集を売り物にした『フィナンシャルジャパン』の創刊号で表紙を飾ったのは、金融再生プログラムで盟友関係を築いた竹中と、総裁として日本銀行に返り咲いていた福井俊彦の二人だった。創刊準備号では金融庁長官の五味廣文が木村との対談企画に登場している。金融当局とのコネクションを誇示するような振る舞いは、新銀行を色眼鏡で見させる逆効果しかなかったが、木村はどの程度それを見通していたのか。いずれにせよ、孤立を深めるという結果しか、木村にはもたらされなかった。

波乱の開業と不透明融資

予備申請から八カ月後の二〇〇四年四月、中小新興企業融資企画は金融庁から銀行免許を取得する。晴れて銀行と名乗ることを許された日本振興銀行が東京・大手町の本店で開業式を挙行したのはその月の二十一日のことだった。

のちのちまで議論として燻るのだが、この銀行免許取得までの期間が平均的なそれに比べてとりたてて短かったかというと、必ずしもそうとも思われない。予備審査が終了したのは前年十月末で、それから本免許の申請までは四カ月余りの空白があった。同じ時期に免許申請がなされたセブン銀行やソニー銀行と比較すると、予備審査終了後はむしろもたついたほうだ。免許取得の期間については、国会でも野党による追及が何度かなされたが、のちに民主党政権へと交代しても問題なしとの見解は結局変わっていない。

ノンエスタブリッシュメントである落合伸治が日本銀行出身で大臣のブレーンまで務めていた金融エリートの木村剛に対して、当局との太いパイプを期待していたのはまちがいない。木村本人が金融庁に足繁く通っていたこともまた確かだ。しかし、当時、金融担当大臣補佐官だった岸博幸は「振興銀行に関して圧力やお願いの類は皆無だった」と話す。実際、木村はそれほど器用な人間ではない。その年七月に監督局長から長官へと昇格した五味廣文を除けば、そもそも金融庁の生え抜き官僚と、あくまで「お客さん」である木村との間の関係は、良好なものではなかった。それについては三年後に決定的な事態を迎えるのだが、詳細はあとに譲ることとしたい。

木村や落合が短期間での免許取得を望んでいたことは確かだ。むしろ、それを実現させたのは特異なビジネスモデルにあったと考えるのが正解かもしれない。日本振興銀行は手形などの決済機能をまったく持たず、ATMサービスさえ提供しなかった。行うのは預金の受け入れ業務と中小企業に対する貸出業務だけである。預金集めや貸出は他行に開設した口座を通じて行われた。およそ一般の銀行とはかけ離れたビジネスモデルであり、どちらかといえば、ノンバンクに近い存在といえた。

さて、木村と落合の思惑通りスケジュール的にはほぼ順調な船出をした日本振興銀行だったが、内部では早くも綻びが出始めていた。新銀行構想をぶち上げた張本人であり、当初は銀行移行後も社長続投が予定されていた落合に厄介な問題が発生していたからである。

新銀行に対して外野が示した懸念の一つは、木村自身も言及していたように、落合に対するよからぬ風評だった。かつて東京相和銀行の別働隊を担っていた事実はその最たる例といえる。KPMG関係者が電話をかけた際、木村は落合の評判について「そういう話は聞いているが、変なことがあったら自分がつまみ出すので大丈夫だ」と自信をもって話していたという。しかし、懸念は開業前に最悪の形で現実のものとなる。

発端は白アリ駆除大手キャッツの株式をめぐる相場操縦事件だった。日本振興銀行の開業から遡ること二カ月前、東京地検特捜部によりキャッツ創業者の大友裕隆が逮捕されると、知人である落合の関係先にも家宅捜索が及んだ。しかも、あろうことか、関係先には当時の中小新興企業融資企画も含まれていたのである。関係者によると、白い手袋をはめた東京地検特捜部の係官は、入ってくるなり、金庫の解錠やパソコンのロック解除を指示してきたという。突然のガサ入れに社内が騒然となったことは言うまでもない。

社長から降りた落合は取締役や執行役への就任まで辞退せざるを得なくなり、営業本部長として一兵卒からやり直すこととなる。結局、開業時に社長となったのは後見人だったはずの小穴雄康であり、同じく副社長となったのは阪田登だった。木村は取締役会議長となり、ほかの社外取締役には弁護士の赤坂俊哉ら木村の連れてきた三人が就任した。木村と落合の信頼関係は揺らぎ始め、二人の力関係もまた微妙な変化を起こしていた。

落合の右腕だった長倉統己はこの頃の二人の関係についてこう振り返る。

「最初、木村さんは落合を立てて裏方に徹してました。会議でもコンサル的な立場からの発言でしたね。しかし、キャッツの問題の頃から関係が悪くなった。その頃、毎日のように夜十時くらいに木村さんから電話がありました。『落合はダメだが、銀行は続ける』みたいなことを言ってましたね」

木村による落合への信頼は、キャッツ事件よりも早い段階、おそらく開業前年の秋にはもう崩れ始めていた。落合が担当していた資本金集めが予想以上に難航したからである。

新銀行の開業には最低でも資本金が二〇億円必要だった。東京青年会議所の支援も期待されていたが、理事長である平将明の呼びかけに応じて集まったのはたかだか一億円にすぎなかった。落合は知り合いの斑目力廣から三億円を借り受け、オレガからも数億円を拠出したようだが、目標額には届かない。結局、その穴を埋めたのは木村だった。

後日仲違いすることとなる木村と落合は民事裁判でも争うことになるが、そこにおける木村の主張によると、落合は集めるはずだった五億五〇〇〇万円について「何とかならないか」と木村に泣きついてきたのだという。当初、木村は自身が経営する「日本人材教育機構」で五〇〇〇万円だけ追加出資する予定だった。しかし、落合の要請でその額を二億円に引き上げ、さらに

ＫＦｉから落合に対し増資引き受け資金として四億円を用立てたとされる。

このあたりの数字は長倉の記憶と食い違い、その後、木村と落合との間で複雑な資金や株式の異動があるため客観的数字を正確に追跡することができないのだが、木村が相当額を肩代わりしたことはまちがいない。前述したように、予備審査終了から本免許の申請まで空白期間があったのは、この資本金集めの難航と関係があったものとみられる。

関係者によると、念願の銀行トップへの就任が見送られたものの、免許取得が決まるや、落合は人前で誰はばかることなく涙を流して喜んでいたという。対外的な公表では落合個人のスキャンダルについて一切が伏せられていた。「落合は小穴、阪田の薫陶の下で研鑽を積み、二～三年後に満を持して社長に選任されるよう努力する」とされていたから、むしろ将来が約束されていたようなものだった。落合は営業本部長という仕事にもそれなりの気概をもって取り組んだようだ。

しかし、結果は惨憺たるものだった。

開業から四カ月後の八月五日、東京・芝浦に本社を置く「ジェイ・シー・エム」という会社が東京地裁に民事再生法の適用を申請して事実上倒産している。無名に近いベンチャーだったが、簿外の保証債務やリース債務を含めると負債額は約二二〇億円にも上った。そこに、日本振興銀行は一億円近い融資を実行していたのである。

一九九二年に設立されたジェイ・シー・エムの初代代表取締役は、仕手筋の中江滋樹が主宰した「投資ジャーナル」でかつて働き、のちに「エンジェルファンドネットワーク」という金融会社を舞台に詐欺事件を引き起こした人物だった。ジェイ・シー・エムが当初掲げた事業はアレルギー対策用商品の通信販売である。それが件の人物の退任後、かわってその知人が代表取締役に就任するや、ファミリーレストラン向け駐車場機器ビジネスへと業態転換し、表面上は急成長を遂げていた。上場計画すらあったという。しかし、新規システムに一三億円もの資金を投じたことで資金繰りに行き詰まり、最後は税金も払えずに破綻した。

この倒産劇には不可解な点が少なくなかった。ジェイ・シー・エムは多額の売掛債権を持っていたが、なかでも一三億円もが未収となっていた「ジェイクレジット」なる都内の会社があった。同社の本店登記がなされていた住所には「ゼスト」という別の会社が登記されており、取締役も重複していたが、その会社は二年も前に破産していたのだ。

不可解な点はまだある。民事再生申立書の保証債務債権者の一覧を見ると、「神商」という東京・虎ノ門に本店を登記する会社の名前が出てくる。債権額は実に二二億円と無名の会社相手にしては巨額だ。しかもそれはジェイ・シー・エムの代表取締役に対する神商からの個人貸付に対し、なぜか会社が連帯保証をしたものだった。

神商の実質経営者である永本壹柱はバブル期に大阪で不動産業を営んでいた人物で、当時は朝銀大阪信用組合などから多額の融資を引っ張っていた。バブル崩壊後はご多分に漏れず返済に窮するようになったのだが、二〇〇三年頃からその名は株式市場の裏側で頻繁に囁かれるようになる。「虎ノ門グループ」などと呼ばれ、怪しげなファイナンスの金主として存在感を増したのだ。金融ブローカーらに蹂躙され、その後まれに見る迷走の果てに消滅した大証ヘラクレス企業のメディア・リンクスが巻き込まれた岡山県内の温泉旅館をめぐる転売トラブルの背後にも、永本の影はちらついていた。

のちの木村側の主張によると、このジェイ・シー・エムに対する融資話を持ってきたのが落合だった。

「この融資を行わなければ銀行をつくった意味がない」

そうとまで言って、落合は融資実行を強く主張したとされる。担当役員だった大久保資を「恫喝した」とまで木村側はのちに主張している。ジェイ・シー・エムに対する融資は取締役会で議論されないまま実行され、報告があったのは倒産後のことだったという。審査の際には監査法人による監査報告書さえ取っていない杜撰な融資だった。

その後に判明した事実によれば、もともと落合に案件を紹介したのは東京・愛宕の高層ビルに拠点を構える「インター・アセット」という金融関連グループだった。同グループの「ＰＢＡフィナンシャル・ホールディングス」は二〇〇五年三月末に日本振興銀行の株式約七パーセントを保有する大株主にも躍り出ている。外資系銀行などを渡り歩いた人物が主宰する同グループは、活動実態が不透明との指摘が当時からなされていた。その後、二〇〇六年には、大阪地区の関連会社を任されていた人物が詐欺事件で逮捕されている。主宰者も二〇〇九年には破産、今ではグループ自体が雲散霧消してしまっている。

当時の日本振興銀行にとって一億円近い焦げ付きは経営の屋台骨を揺るがす重大な事態である。焦げ付き発生の直後から十月中旬にかけ、振興銀は三回にわたって資本増強を迫られた。そして、この時も大半の資金を拠出したのは木村だった。木村個人で一万株近くを引き受け、自身が経営するＫＦｉでも約二千五百株を追加で引き受けている。

木村個人の分だけでも引受額は四億六八〇〇万円に上った計算だ。なぜ個人でこれほどの大金が用立てられたのかは大いなる謎である。前述した落合相手の民事裁判で、木村は株式引き受け資金についてＫＦｉから借り入れたものであったとし、毎月の給料から着実に返済を続けていると証言している。とはいえ、新興コンサルティング会社にすぎないＫＦｉがどうやって数億円もの資金を調達したかは判然としない。資金使途からして市中の金融機関がそう易々と融資するような案件でもない。後述するが、すでにこの時点でＫＦｉ社内では木村の独断専行が始まっており、資金の流れは木村とその側近しか把握していなかった。調達先が判然としないのは、そうした背景の故でもある。

いずれにせよ、木村が大変な重荷を背負ってしまったことに変わりはない。コンサルタントとして関わり始めた日本振興銀行だったが、男として見初めた落合のだらしなさによって、木村はいつの間にか泥沼に嵌り込み、どうにも抜け出せなくなったのである。

内紛

ジェイ・シー・エムを含め、落合伸治による紹介案件の焦げ付きは計七社、金額にして約一億五五〇〇万円に上ったとされる。

開業から半年後の十月二十八日、日本振興銀行は唐突に「日本振興ファイナンス」という名の子会社を設立する。融資先の開拓を目的とする営業専門子会社とされたが、真の狙いはその社長に据えることで、落合を体よく銀行本体から追い出すことにあった。

社外取締役でありながら行内の主導権を握りつつあった木村剛は、この策略めいた話の裏で金融庁長官の五味廣文から了承を取り付けていたともされる。その真偽がどうであれ、この時点では新銀行の生みの親である落合をそれなりに遇するとの配慮が木村にはまだあったものと思われる。

しかし、それからわずか三週間後、二人の関係は完全に決裂してしまう。

十一月十六日、木村を議長とする日本振興銀行の取締役会は臨時会を開き、落合を懲戒解雇処分の審査にかけることで一致した。二日後、この決定は落合本人に通知される。通知を受け取った落合からは六日後、振興銀に対して辞表が送りつけられてきたが、木村側はそのまま落合にとどめを刺した。弁明の機会を与えたのに来なかったとして十一月二十六日付で落合を懲戒解雇としたのである。

解雇の理由は落合による内部情報の漏洩だとされた。騒動の前後、日本振興銀行をめぐっては中傷文書が出回っていた。木村側はその情報源が落合にちがいないと睨んだ。

解雇後、落合は「銀行を乗っ取られた」と喚き立て、公然と木村批判を始めた。そして、復権を果たすべく、最後の拠り所である株主権を行使するとの実力行動に出る。自身を含む取締役五人の選任案をかけるため、臨時株主総会の開催を請求したのである。落合はオックス情報会長の伊藤祥司を代表世話人に押し立てて「中小企業支援同志の会」なる集まりを結成して多数派工作を展開した。

しかし、そんな落合の抵抗は惨めな失敗に終わった。リンガーハット最高顧問の米濱鉦二らを除けば、落合への賛同者はほとんど集まらなかったのだ。翌年一月十九日に開かれた臨時株主総会では、木村側が圧倒的な差で落合による株主提案を葬り去り、かわって東京青年会議所理事長だった平将明を取締役に追加選任して、体制を強化している。以後、落合は自らの持ち株を売却し、日本振興銀行から遠ざかっていった。

結局のところ、木村は「男の心意気」まで感じていた人物を大きく見誤っていたわけだが、その後の落合の遍歴はさらにそれを印象づけるものといえる。すこし横道にそれるが、落合のその後を記しておこう。

日本振興銀行を追放された落合はオックス情報に居場所を求めた。同社は新日本製鐵の経理マンだった会長の伊藤が創業したベンチャーで、二〇〇三年一月には大証ヘラクレスへの上場も果たしていた。独自のアラーム理論を武器に企業の信用情報を扱う同社は、もともと木村が落合に紹介した会社だった。当初、木村は振興銀を開業するにあたって融資先の審査を行うスコアリングモデルにオックス情報のシステムを採用しようと考えた。しかし、うまくいかずに終わっていた。かわって同社にすり寄っていったのが落合というわけだった。

追放劇の余韻がまだ残る二〇〇五年三月、落合が経営するオレガはオックス情報と共同でインターネットを活用してビジネスローンを展開する新会社を設立する。落合としては復活の足場にしようと考えたようだ。そして、そこからが人たらしたる落合の面目躍如だった。続く十月、落合はオックス情報の顧問に就任、さらに十二月には伊藤を担ぎ上げていた創業メンバーの篠原猛にかわって社長へと上り詰めてしまうのである。一躍、上場会社のトップとして表舞台に返り咲いた格好だった。

ところが、迷走はそこから始まった。

翌年八月、持ち株会社化と称してオックス情報から社名を変更していたオックスホールディングスは、落合自身を引受先とする第三者割当増資を発表する。しかし、払い込みの当日に子会社での損失が明らかとなり、増資は急遽中止にせざるを得なかった。大阪証券取引所から改善報告書の提出を求められるというお粗末な失態だった。それでも落合は引き受け株式数を引き下げ、何とか翌月には増資を完了させている。この時、落合の投資額は三億円余りに上ったが、その資金はオレガから引っ張ってきたものだった。

明けて二〇〇七年二月、落合の周辺ではさらに不可解な話が持ち上がる。消費者金融中堅の「キャスコ」との連携を名目に、オックスホールディングスは「GALAXY RESOURCES GROUP」なる英領バージン諸島籍の法人に対する二五パーセントの出資実行を決定したのである。投資額は実に一〇億円とされた。GALAXY社はわずか二カ月前にジャスダック上場のフォーサイド・ドット・コムからキャスコを買収したばかりだったが、その際の金額はわずか一億円である。オックスホールディングスはそれよりも四十倍以上の高値でキャスコの持ち分を買った計算だった。

この時、キャスコへの投資は怪しげなエクイティファイナンス（新株発行を伴う資金調達）の計画と当初から一体だったようだ。四カ月後、オックスホールディングスは都内の投資事業組合を引受先とする二五億円もの第三者割当増資を決議している。なぜか、その発表とともに突然、落合は社長を辞任した。すると、こんどは外部から複数の人間が乗り込んできた。その背後にいたのは黒木正博だった。

東証マザーズ第一号であるリキッドオーディオ・ジャパンの実質オーナーとして一時は脚光を浴びた黒木だが、以前からの不透明な金繰りが綻び、破産を味わうほどの経済的困窮に追い詰められ、その頃は金融ブローカーとして水面下で暗躍するようになっていた。経営不振の上場企業に入り込んでは増資を仕掛け、新株をカネに変える錬金術が、黒木の得意とするところだった。その年初めからジャスダック上場のトランスデジタルに関与を深めていた黒木が次に狙いを定めたのがオックスホールディングスだったのである。

長年にわたり右腕となって働き、オックスホールディングスにも社長室長として応援に入っていた長倉統己によると、社長辞任の前後から落合は周囲との連絡を突然断ってしまったという。不可解な辞任から二カ月後、長倉はある日、落合から一方的に電話で呼び出された。そして、東京・築地のファミリーレストランに向かった。久しぶりに会った落合はいきなり妙なことを言い出した。

「自分は暴力団から命を狙われていて逃げなければならない。あとのことはよろしく頼む」

そう言い終わるや、落合は連絡先も告げず、タクシーでいずこにか去っていったという。

後日、長倉が落合の個人事務所に赴くと、そこはもぬけの殻だった。自宅マンションも二億円で売り払われていた。管理人によれば、ある夜、運送会社のトラックがやって来て慌ただしく荷物を運び出して行ったという。それまでの落合は高級外車を複数所有するなど、派手な生活を送っていたらしい。有名百貨店の外商員が大量の商品をワゴンに載せて部屋を頻繁に訪れていたことも分かった。

一方で、落合は手塩にかけたオレガを知り合いの弁護士事務所内に移転させた上で、「千代田国際SO」へと社名を変えて休眠状態にしていた。日本振興銀行の増資引き受けなどで個人的に引っ張っていた約一一億円もの借財は放り置いたままだった。知人である斑目力廣からの約二億五〇〇〇万円や、藤田商店からの約七億円も借りっぱなしの状態である。

果たして、穏やかならざる告白と山のような借金を残し、落合はどこに消えたのか。およそ二年後、ごく限られた関係者の間で落合の居場所が判明する。アメリカ南西部の街、サンタフェ、落合はそこにいたのである。

実はオックスホールディングスの社長を辞任した前後から落合は身辺整理を進めていたらしく、妻や五人の子らと一緒に永住権を取得し、投資先企業の株や軽井沢の別荘も売却するなどしていた。二〇〇七年八月下旬にハワイで斑目と会食した直後、落合はアメリカ本土に移住したようだ。その後は日本の関係者から連絡を絶ち、陽光まぶしい観光都市で悠々自適の生活を送っている。

これが、木村が一目惚れした男にまつわる後日談である。おそらく木村自身はこれらの話を今でも知らないはずだ。

二〇〇五年当時に話を戻そう。

実のところ、ＫＦｉの内部では銀行経営に深入りする木村に反対する声がずっと燻っていた。日本銀行の後輩だった齊藤治彦ら本業の金融コンサルティング部門を担っていた幹部たちはある時期から公然と木村への批判を強めた。ＫＦｉは木村によるＭＢＯ後もＫＰＭＧの友好メンバーとして一定の関係を保っていたが、内規上、銀行への出資は禁止されていた。それを破っていたのだから、反対派のほうに理はあった。現に利益相反になりかねない銀行経営への関与は営業面で本業に悪影響を及ぼしつつあった。

ところが、木村はＫＰＭＧとの関係を完全に断ち切り、齊藤らを取締役から解任する動きに出る。しかし、本業を回していかなくては会社が立ち行かない。そこで木村と齊藤らは一見奇妙な妥協に至った。持ち株会社「フィナンシャル」とコンサルティング部門「ＫＦｉ」の二つに会社を分離し、木村は前者を統括して、齊藤らは後者で本業に専念する形をとったのである。霞が関の官庁街を見下ろす高層ビルの同じフロアに入居していたものの、以来、両者は会議室を共用するだけで、互いに行き来することはなかった。言ってみれば〝家庭内別居〟となったのである。

フィナンシャルに籠った木村は苛烈な搾取を始める。別法人であるにもかかわらずＫＦｉの印鑑や通帳を取り上げて、本業の部隊が苦労して稼いだ収益を吸い上げるだけ吸い上げた。齊藤らには必要経費や給料だけを一方的に支給する形だった。ただし、冷静になってあたりを見渡せば、木村の周囲には誰もいなかった。フィナンシャルに付き従ったのは、経理を長年取り仕切ってきた藤本玉江や広報担当の尾花典子らわずかなスタッフだけだ。かつての仲間から独り離れ、木村の孤立は深まっていくばかりだった。

木村は日本振興銀行にますますのめり込んでいった。というより、そうせざるを得なかったと言ったほうが正確かもしれない。

内紛を収めたものの、経営体制はがたがただった。騒動の前には副社長の阪田登が辞任していたし、直後には大久保資ら執行役二人があとを追うように銀行を去っていた。さらに小穴雄康まで体調を崩すに至ると、創業メンバーは上層部にほとんど残っていなかった。そこで、当初は応援団長だったはずの木村が一時的に代表執行役社長を務めざるを得なくなったのである。

それから約半年、りそな銀行出身の上村昌史を社長に迎える二〇〇五年七月になり、木村は取締役会長に一歩退いた。だが、その頃にはワンマン体制がすでに確立されつつあった。フィナンシャルで見せたような無体なやり方が日本振興銀行でもまかり通ろうとしていたのである。

日本振興銀行はフィナンシャルや「ウッドビレッジ」といった木村個人の関連会社に対し計五億七〇〇〇万円の低利融資を行っていた。なかでも、ウッドビレッジは二〇〇五年七月まで木村の妻が代表取締役を務めるなど、一時期まで役員のすべてが木村の親族であり、本店登記住所も木村の自宅と同じだった。目的欄には「調査業務及び講演会の開催」などが掲げられていた。とはいえ、その営業実態はきわめて怪しかった。

しかも、それら二社が担保としていたのは日本振興銀行自体の株式だった。木村はこの異常な低利融資について、融資先開拓に向けて営業実績を上げるためと主張した。上場企業株よりも振興銀株のほうが担保として信頼性があるとも木村は強弁している。だが、どこからどう見ても、あまりに不透明な融資といわざるを得なかった。

かつて金融検査マニュアルの策定に携わり、銀行の自己査定にかつてない厳しさを持ち込み、さらに厳格なコーポレートガバナンス（企業統治）まで求めた木村の暴走が始まろうとしていた。

第5章 転落の予兆

ベタとオトリ

大島健伸に巨万の富をもたらした商工ファンドのビジネスとはどのようなものであったのか。

新規顧客を獲得するため商工ファンドでは営業社員がひたすら電話をかけまくった。電話帳や信用調査会社の資料を基に、一般金融機関から借りられそうにない経営不振の中小零細企業をリストアップし、相手につながるや、「新規開拓読本」に沿って、とにかく受話器に向かって喋り続けるのである。

一九七〇年代の石油ショックを契機に日本経済が安定成長の段階に入ると、企業の優勝劣敗は鮮明になり、倒産は激増した。信用調査会社の統計によると、それまで年間の倒産件数が一万件を超えることなど滅多になかったが、一九八〇年代半ばの円高不況にかけて二万件に迫る年が頻発するようになる。バブル景気でいったん減少していた倒産件数はその崩壊後、二万件の水準に向けて再び増勢に転じていた。しかも、金融不安で銀行の融資機能は目詰まりを起こしており、大手企業の相次ぐ破綻で下請けピラミッドには至る所で亀裂が走っていた。数字に現れる以上に中小零細企業は困窮しており、それだけ商工ファンドにとっては好機でもあった。

商工ファンドが主力とする事業者向け無担保貸付は社内で「リボローン」と呼ばれた。なかでも力を入れていたのは元金一括返済方式による貸付だった。貸付日から五年後を最終弁済日に指定し、それまでは毎月の利息だけを支払ってもらうのである。顧客に対しては「自由返済」や「フリー返済」などと説明して、とにかく借りやすさを強調した。

これは商工ローン業界を二分する日栄に対する差別化戦略でもあった。先に触れたとおり、大島が起業するにあたって〝カネ貸し〟のイロハを学んだ先が日栄である。大島をして「極めて強烈なリーダーシップの経営者」と言わしめた創業者の松田一男は四十八歳で日栄を興し、京都を地盤に商工ローン業界の最大手にのし上がった。一九九〇年代に入ると、人気報道番組の広告スポンサーになるなど、同社の全国展開には拍車がかかる。ピーク時の純利益は三三〇億円にも上った。

その日栄が主力としていたのは毎月の返済日に元金をすこしずつ返してもらう方式だった。そこで二番手の商工ファンドは異なる方式を強調することで顧客を開拓していったのである。

「日栄さんは都度元金を清算するか、手形を差し入れてジャンプをしなければなりませんが、当社はお利息だけをお支払いしていただけば、元金は五年の間にご資金繰りの余裕のある時に返済をしていただいて構いません。日栄さんより返済の自由度が高いですよ」

これが典型的なセールストークである。

社内ではこの元金一括返済方式による貸付を「ベタ」とか「ベタ貸付」といった隠語で呼んだ。弁済期限までずっと当初元金を貸し続けることから連想してそう名付けられたのだろう。三〇〇万円を貸し付ける場合なら、「ベタ三〇〇」といった具合である。

顧客に担保能力が不足している時や、過去に延滞などを起こしていた場合は、例外的に元金均等返済や元利均等返済の方式により貸付が行われた。しかし、商工ファンドは貸付実行後もめざとく追加の保全措置を見つけ、連帯保証人を入れてもらうようにして、元金一括返済方式への切り替えを進めていた。これを社内では「ベタ化」と呼んだ。

余分な資金を借りたくない顧客は元金一括返済方式を嫌う。その場合はまず均等返済方式で借りてもらい、あとで「ベタ化」する。これは社内で「オトリ」と呼ばれた。審査日数は三日以内が原則だ。とにかく新規に貸すことが優先された。そして、そこから貸付額を目一杯引き上げていくわけである。

商工ファンドが「ベタ」にこだわったのは貸付期間内に受け取る利息を極大化できるからだとみられる。しかし、それは顧客を利払いで苦しめることになる。その分、最終期限における元金弁済にもしわ寄せが行く。だが、大島はそんなことを気にするでもなかった。商工ファンドはあらゆる手段を駆使してその回収に血道を上げ、それこそが同社の強みでもあったからだ。

日栄でもそうだったが、商工ファンドの手法で最大の特徴は「根保証契約」にある。最初に貸付上限となる極度額を決め、それについて複数の保証人に連帯保証をさせるのである。債務者が返済できなくなった場合、返済義務は保証人に移る。このため、元金の返済能力がないような債務者にも保証人を当てにして過剰な貸付を行う例があとを絶たなかった。「利息は主債務者から、元金は保証人から」といった言葉まで生まれるほどだった。

商工ファンドは回収金額を積み上げるため債務者だけでなく保証人の資産状況を徹底的に調べ上げた。保証人が持つ動産・不動産や、なけなしの給料までが回収原資とされ、債務者の返済が滞るや、即座に抵当権を設定したり、時には差し押さえの措置をとったのである。大島は個人会社を通じて探偵会社大手の「ガルエージェンシー」に出資していたが、これも回収効率を上げるためだった。

かつて回収部隊に配属されたことがある元社員によると、こんなことまで行われていたという。回収原資として狙いをつけたのは生命保険である。担当社員は生命保険の有無や契約先を確認すると、税務署職員などを名乗って生命保険会社に電話をし、言葉巧みに解約返戻金の額などを聞き出した。個人情報保護法もなく本人確認がまだ緩やかだった一九九〇年代には平気でこんなやり方がまかり通っていた。元社員は勤務時間中、一度も電話口で本名を名乗ることがなかった。あまりのひどさに数日で退職したという。

時に「目ん玉売れ」などと喚いて債務者を脅しつける日栄の回収が荒っぽいやり方で知られたのに対し、商工ファンドのそれは知能的とされた。法律を縦横に駆使し、じわじわと債務者や保証人を追い込んでいくのである。

当初用いられたのは「私製手形」だった。銀行の手形帳を使わず、流通させることも意図しない、そして、支払地を銀行ではなく商工ファンドとする簡易的な手形を差し入れさせるのである。返済が滞れば、即座に手形訴訟を起こす。通常訴訟に比べて判決が迅速に出るためだ。あとはためらうことなく強制執行に移行していくだけである。

この私製手形による回収が世間で批判を浴び、司法の場で有効性も失われていくと、のちに商工ファンドは公正証書をとるやり方に変えていった。公証役場において公証人により公の文書として証明を得るのが公正証書である。これも強制執行を素早く行えるようにするためだった。末端の営業現場では借り手から白紙委任状をとるような強引なやり方まで横行した。

商工ファンドはとにかく法的手段に訴えることが多かった。およそ二十人の弁護士と顧問契約を結び、抱える訴訟件数は年間一千件前後にも上っていた。東京地裁の場合、手形訴訟を扱う民事七部の事案のうち七割、給料などの差し押さえを扱う民事九部の事案のうち二割が、商工ファンドによるものだった。全国で訴訟を起こせるように、商工ファンドは大量の支配人を登記してもいた。

「この世の果てみたいな債権ばかりですよ」

競合関係にあった貸金業者で働いていた元社員は商工ファンドの貸付債権をそう表現する。業者は与信判断のため信用情報機関に加入しており、顧客の信用情報を端末で閲覧することができる。顧客が先に商工ファンドから借りていれば、どんな保証人が付いているかも分かる。アルバイトしか収入源がない家族など、商工ファンドの債務者にずらっと四、五人はぶら下がっている保証人はおよそ返済能力があるとも思われない社会的弱者ばかりだったという。

それでも商工ファンドは顧客に貸しまくり、そして、猛然と債権を回収した。貸付残高は累増し、一方で貸倒損失は最低限にとどめ、右肩上がりに利益を積み上げていった。その原動力は一にも二にも大島による強烈なプレッシャーだった。

商工ファンドの朝は早い。

毎日七時から役員会があり、八時からは全体会議が始まる。

その場で大島は部下を締め上げた。社内ではノルマのことを「人頭税」と呼んでいたが、達成できなければ悲惨である。大声で罵倒されるだけでなく、灰皿が飛んでくる。手当たり次第にモノを投げつける大島だが、しまいには怒ってパソコンを投げたことさえあったという。全体会議は全国の拠点をテレビ電話回線で結んで行われていた。通信状況をモニターするためそれを聞いていたシステム会社の社員まで胃の痛い思いをしたという。それほど、大島の締め上げ方は尋常でなかった。

もっとも、社員を極限まで働かせることにサディスティックなまでの振る舞いを見せていた大島が、ワーカホリックなやり手経営者のように、寸暇を惜しんで夜中まで執務にとりかかるようなことは決してなかった。

元役員によれば、大島は正午過ぎから二時間ほどは社内から姿を消していたという。スポーツジムで汗を流したり、高級ホテルのプールで泳ぐのが日課だったからだ。そして、夕方四時半ともなると帰宅の途についた。「菊ちゃん、帰ろうか」と言い、長年にわたり大島を支えた有力幹部の菊池渡をいつも誘っていた。大島が菊池に同乗を促すのは、一億円を下らない自慢の高級車「マイバッハ」である。車内には缶ビールが二、三本置いてあり、松濤の自宅までの帰路、二人でそれを空けるわけだ。

関係者が共通して指摘するのだが、大島には友人らしい友人がいない。だから毎日まっすぐ帰宅する。一九八九年に株式公開した頃までは社員と飲みに行くこともあったが、「松濤ゲストハウス」を建ててからはそれもなくなった。ただ、早くに帰宅したところで、テレビを観る以外、特に何かをするでもない。大半の社員は深夜まで働いていたが、気まぐれに些細なことを思い出してはそこに電話するくらいしか大島には特段やることがなかった。

実は、これも多くの関係者が指摘するのだが、回収の仕組みなど商工ファンドの土台をつくったのは菊池だったといわれている。例の漫画『天馬行空』などではすべてが大島自身の手によるものであったかのごとく語られているが、実際のところ、そうではなかった。のちに大島は「百二社構想」なるものを掲げてＭ＆Ａ（企業の合併・買収）に突き進むが、それも多くは菊池が実務を取り仕切っていた。とりわけ後半期、社長室から出ることさえなかったとされる大島はどこまでも内向きな経営者だった。

菊池はまだ大卒者が貴重な戦力だった設立四年目に商工ファンドに中途入社した。破綻直前、大島にかわって社長に祭り上げられた小笠原充らとともに社内では「大卒四人組」などと呼ばれたりもした。菊池は三十歳そこそこで取締役に抜擢されたが、株式公開直後に商工ファンドを一度去っている。しかし、九年後に復帰し、再び経営の中枢を任された。小笠原も一度辞めたのちの復帰組だった。大島のワンマンぶりが災いして、商工ファンドは社員の入れ替わりが激しかったが、幹部も同様だった。かつての部下を拾い上げたのは、大島の温情というより、ほかに頼れる者がいなかったからだろう。

今日でも中小零細企業にとって商工ローン業者は必要な存在だといわれる。銀行融資に比べて高い金利であっても、売掛金回収までのつなぎ資金など、商工ローンによって当座の資金繰りがつけられる利点は小さくない、というのが模範的な回答例である。銀行が小回りの利く貸し方ができないのは事実だ。しかし、「ベタ」や「オトリ」など商工ファンドの貸し方がそうした模範回答とは異なる傾向にあったことは否定しようがない。

かつて企業向けの営業貸付を担当していた生命保険会社の元幹部は商工ファンドの応援フロアに行って驚いたことがあったと振り返る。ブースのあちこちでカメラのストロボがたかれていたからである。どうやら借り手の顔写真を撮っていたらしい。おそらく回収を確実にするためのマニュアルがあったのだろう。それを見て元生保幹部は商工ファンドへの貸付を丁重に断ったという。およそ借り手のことを尊重している行為には見えなかったからだ。

大島が借り手の繁栄や事業継続を常に念頭に置いて商工ファンドを経営していたとはとても思えない。

そうした類の質問を元役員にぶつけたところ、「そんなのあるわけないじゃん」と身体をのけ反らせ、そして短く、「これだけ」と言い放った。

手元を見ると、掌の上には親指と人差し指が丸い円をつくっていた。

国会喚問

一九九九年十一月十一日、大島健伸は参議院財政・金融委員会に参考人として呼ばれた。松濤ゲストハウスが完成して一週間。成功物語の記念碑ともいえる豪邸が落成したのと同じ頃、世間では商工ローン業者に対するバッシングの嵐が吹き荒れていた。

商工ローン被害者の救済を目的に前年十二月には「日栄・商工ファンド対策全国弁護団」が結成されていた。中心を担っていたのは多重債務者問題に長年取り組んできた共産党系の「クレサラ弁護士」だった。対策弁護団の動きに呼応して一部新聞は商工ローン問題を追及するキャンペーンを展開、さらに日栄社員による「目ん玉売れ事件」が表面化すると、批判の渦は大きくとぐろを巻いた。借り手を食い潰すような過剰貸付や、人間の臓器にまで手を突っ込む過酷な回収に非難の声が高まっていた。

バッシングはどちらかといえば日栄に集中していたが、この日、かつての恩師でもある松田一男とともに、大島は国会議員から厳しく責め立てられた。

最初、大島は神妙に応じていた。

「まず、現在の商工ローン問題、本件につきましては極めて大きな社会問題となっておると了解しております。したがいまして、私どもはこのことにつきまして極めて重大なことと了解しております。我々が個社の立場におきまして適法に業務を行っている、これで事足れりということでは済まないと考えております。したがいまして、改善するべき点はこれはもう即刻速やかに具体的に改善をして、一刻も早く私どものみならず業界の健全化ということに全力を尽くしたいというふうに考えております」

続いて質問に立った民主党の浅尾慶一郎から、警察庁ＯＢに現金を渡していたとの雑誌記事や、警察官僚出身の大物政治家への献金について意地悪く訊かれても、大島の態度に特段の変化はなかった。

「すべて私どもはコンプライアンスという件につきましては非常に重大に考えております。したがいまして、違法なことは一〇〇％ございません。そして今現在、申し上げましたように、社会通念上、慣習上でおかしなことは、逸脱した行為は全くございませんので、御懸念の点はございません」

そつのない答弁だが、質問者が公明党の海野義孝にかわったあたりから、興に乗ってきたのか、素の大島が顔を覗かせ始めた。

大島は三井物産時代のシンガポールでの経験談を引き合いに出して起業時の志を長々と語り、さらにこう付け加えた。

「最後に一つだけよろしゅうございますか。金融業は二十一世紀に向けての基幹産業です。私が海外でロードショーをしたときにも、あなたの夢は何だと聞かれたときに私が答えましたのは、今から一千年前にモンゴルのジンギスカンが世界の三分の二をおさめたと。同様に、アジアの日本のノンバンクが世界的なグローバルスタンダードのノンバンクになりたいと、明言いたしました。(後略)」

ロードショーとは新株発行など資金調達を行う際のIR(投資家向け広報)活動のことだ。質問者の意図も分かりづらいのだが、次の質問で大島はさらに長広舌をふるう。

「(前略)『戦争論』の著者のクラウゼヴィッツも申しているように、敗戦は将官が敗戦を自認したときに始まると。私は必ずこの機会をとらえて立派な会社にしたいと思います。したがいまして、将来必ずこれは取り戻すということで、一歩セットバックというのは前進につながるものと考えております。ネバー・ギブ・インです。(中略)そして、例えば一例を引きますと、私は一九八六年の十二月末をもってすべての株式担保融資から撤退いたしました。理由は、大学のときに習ったときには、コンドラチェフの波という六十年間の周期説がございました、太陽の黒点説とかコンドラチェフの波と。あのときに聞きましたときには笑ったんですけれども……」

質問者もすこし苛立ったようだ。

「簡潔に」

思わず、そう制止している。

手ぬるい国会での追及にバッシングの嵐は収まらなかった。一カ月後の十二月十四日、同じ場に大島は再度呼ばれた。ただし、こんどは証人喚問である。宣誓書を読み上げた大島は、防戦に回らざるを得なかった。

共産党の筆坂秀世は、入手した内部文書「債権回収マニュアル」を片手に、商工ファンドが「保全手続き裁判所別傾向と対策」と銘打ち、自社に都合のよい裁判所のランク付けを行っていることを暴露した。そして、大島に鋭く挑みかかった。

筆坂「（前略）そこで伺いたいんだけれども、かつてあなたのところには最高時十九人ぐらいどうも支配人がいたようで、これが平成七年一月二十五日、前橋地裁でこのことが問題になったでしょう。どういう判決が下されましたか」

大島「その件については存じ上げておりません」

筆坂「存じ上げてないというのは。あなたのところは負けているんですよ。（中略）この前橋地裁の判決というのは、支配人の登記がされていても実質上の支配人ではないというので、その訴訟代理権を否定しているんですよ。（中略）あなた、本当に知らないの、これ、全く。全くだれからも報告を受けていないの」

大島「その件につきましては、実質的な支配人か否かということについて御質問を得たものというふうに了解してよろしゅうございますか。

今現在（中略）先ほどの閉鎖店舗を……」

筆坂「その裁判は知らないのね」

大島「はい」

筆坂「知らないんだったら知らないでいいです」

大島「はい。今は実質的な支配人ということについてお答えします」

筆坂「いや、いいです。それはもう一遍聞くから」

大島「よろしいですか、はい」

筆坂は、第二東京弁護士会が前年十月、商工ファンドによる支配人登記は「非弁行為」を潜脱するものであるとの厳重警告を行っていたことも明らかにした。非弁行為とは法曹資格者以外が法律事務を取り扱うことで、弁護士法により禁じられている。さらに筆坂は仮差押を裁判所に申し立てる際、商工ファンドが「八つのひな形」に当てはめて書面を作成しており、債務者独自の状況を無視していると非難し、虚偽の報告例まであったと語気を強めた。

大島「私の方は虚偽申し立てということはないと考えておりますのですけれども……」

筆坂「一件もないの」

大島「これはよく精査をしていきたいと思います。

ありがとうございます」

最後の謝辞は、共産党嫌いの大島が精一杯の皮肉を込めたつもりだったのかもしれない。一時間余りに及んだ証人喚問は午後三時二十分に終了した。

その三日後、上限金利を年四〇パーセントから二九・二パーセントに引き下げる出資法の改正案が成立するなど規制強化が実行に移され、激しかった商工ローンバッシングは終息に向かう。

起業以来、最大の難局を乗り切った大島は二〇〇二年十一月、商工ファンドからＳＦＣＧへと社名の変更を実施する。新たな社名はグループ化を強く意識したものだった。大島の事業拡大にかける意欲は依然衰えていなかった。

しかし、本当の大波はこのあとにやって来た。

最高裁判決

二〇〇六年一月十三日、最高裁第二小法廷が一つの司法判断を下した。裁判長の中川了滋以下、五人の判事による判決書はわずか数ページしかなかったが、その最後のほうで「グレーゾーン金利」に対する司法の府による見解が峻厳に示されていた。

「したがって、本件期限の利益喪失特約の下で、債務者が、利息として、利息の制限額を超える額の金銭を支払った場合には、上記のような誤解が生じなかったといえるような特段の事情のない限り、債務者が自己の自由な意思によって制限超過部分を支払ったものということはできないと解するのが相当である」

被告会社の社名から通称「シティズ判決」と呼ばれるこの司法判断を契機に、商工ローンや消費者金融の業界には過払い金返還請求の巨大な津波が押し寄せることとなる。

グレーゾーン金利――

どうにも不思議なのだが、この国には上限利息を定める法律が二種類併存してきた。

一つは利息制限法である。明治政府が一八七七年（明治十年）に太政官布告により公布した旧法を引き継ぎ、戦後の一九五四年にあらためて制定された法律だ。もともとは借金苦に喘ぐ士族や農民の不満を鎮めるためにつくられたもので、制限された利息を超過する部分は裁判上無効とされた。近年においては、同法による上限利息は年一五〜二〇パーセントと定められている。ただし、民事上の取り決めであるため、上限金利を超過した利息を取っていても刑事罰の対象とはならない。

対して、もう一つは出資法である。保全経済界事件など戦後の混乱期には大衆から預かり金などを巻き上げる経済事件が続発した。そうした行為を取り締まるため利息制限法の約一カ月後に制定されたのが出資法だった。不特定多数に対し元本保証を謳って出資を受け入れることなどを禁じるとともに、そこでは上限金利も定められた。前述したように、二〇〇〇年以降でいえば、年二九・二パーセントである。上限金利を超える貸付を行った場合は刑事罰の対象となる。

この利息制限法と出資法とのそれぞれの上限金利の間に存在したのがいわゆるグレーゾーン金利だ。つまりは一五〜二九・二パーセントの部分である。法律によってはクロであり、シロでもある、灰色の領域だ。ただ、一九八三年に議員立法により制定された貸金業規制法はグレーゾーン金利にある種のお墨付きを与えていた。同法は任意性や書面性を満たす場合にはグレーゾーン金利であっても契約上有効としたのである。つまり借り手の自由意思による契約であり、契約書面も整っていれば、問題はないとしたわけだ。これは「みなし弁済規定」と呼ばれた。

過酷な取り立てなどによる自殺者や家出の続発など「サラ金苦」が社会問題化したのをきっかけにつくられた貸金業規制法だったが、業界自体が潰れてしまっては食うに困る借り手も出てくる。そうしたところ、妥協の産物として編み出されたのがみなし弁済規定だった。法律のお墨付きを得た商工ローン・消費者金融業者は当然のごとく刑事罰の対象とはならないグレーゾーン金利の上限で貸し付けを行った。それもあり、各社は空前の利益を上げた。バッシングから立ち直ったＳＦＣＧの純利益も二〇〇五年七月期から翌期にかけては一〇〇億円を軽く突破する水準に達した。

しかし、最高裁はみなし弁済に対する見方を極めて厳格化する方向に舵を切る。

その流れを一気に加速させたのは滝井繁男という弁護士出身の一人の判事だった。大阪弁護士会会長を務めたのち、最高裁判事となった滝井は二〇〇四年二月の判決で補足意見を書いた。その判決自体、業者が作成する書面の要件を厳格に解釈するものだったが、補足意見はさらに突っ込んだ見解を示していた。やり玉にあがったのが期限の利益喪失特約だ。約定日に利息の支払いが遅れると、借り手は「期限の利益」を失い、貸し手は残りの元金と利息について全額を一括請求できるとの特約である。滝井の補足意見は、それがため、みなし弁済規定の要件である任意性を満たしていないと指弾するものだった。

その流れを受けて二年後に出されたのがシティズ判決だった。五人の判事のなかには当然、滝井の名前もあった。期限の利益喪失特約はほとんどの貸付契約に盛り込まれている。そのため、シティズ判決の影響は大きかった。同様の契約によるグレーゾーン金利はすべて無効とされるからだ。本来なら支払う必要のない超過利息を取り戻す動きは一気に広がった。これが過払い金返還請求である。業者の許には、弁護士名の内容証明郵便や、裁判所からの訴状通知が山のように積み上がっていった。これ以後、かつて上げた空前の利益は逆流を始め、業者の体力は急速に失われていくこととなる。

一方、それと並行して規制強化の動きも加速していく。二〇〇五年三月、金融庁は「貸金業制度等に関する懇談会」を設置して議論を始めていた。主に焦点が当たったのは日本弁護士連合会が声高に叫んでいた多重債務者問題だった。のちに日弁連会長に就任する宇都宮健児ら、長年この問題に取り組んできたクレサラ弁護士、つまりは「全国クレジット・サラ金問題対策協議会」で活動する弁護士たちが議論を引っ張っていた。

二〇〇六年十二月に成立した改正貸金業法はみなし弁済規定を撤廃した。同時に出資法の上限金利も年二〇パーセントに引き下げられたことで、業者の鉱脈であったグレーゾーン金利は消滅する。さらに同法は借り手の年収の三分の一を超える貸付を禁止する総量規制の導入も盛り込むなど、業者のビジネスモデルを成り立たせなくするほどの苛烈な規制強化をもたらすものだった。

世紀末とともに吹き荒れたバッシングを乗り切ったSFCGはその頃、百二社構想を掲げてM&A戦略を推し進めていた。二〇一〇年までにグループ会社を百二社にまで増やし、社員数三万人、経常利益三〇〇〇億円を達成するというのが大島の描くコンツェルン構想だった。

大島はことあるごとにかつての鈴木商店を理想像に掲げていた。

今日の双日のルーツでもある鈴木商店は幻の財閥とも呼ばれる。樟脳の貿易を発祥とし、丁稚奉公からたたき上げた金子直吉の下で明治後期から急拡大し、製鉄所や造船業にまで進出、第一次世界大戦の特需で絶頂期を迎えた。一時は三井や三菱といった大財閥を凌ぐほどの勢いだったが、昭和金融危機の最中に突然破綻してしまう。

ロスチャイルドの伝記を読んだ少年時代から財閥に強い関心を持っていたという大島がなぜ鈴木商店に憧れたのかは定かでないが、大銀行に追い付き追い越せという自身の立場と後発財閥の姿とを重ね合わせていたのかもしれない。「ハッピーエンドの金子直吉になりたい」というのが大島の口癖だった。

二〇〇二年、SFCGは関連ファンドを通じてジャスダック上場のCSK・エレクトロニクス（のちのMAGねっと）を買収する。大島は同社を投資会社につくり換え、手当たり次第に投資を実行していった。ゴルフ用品のマルマンや、ビオフェルミン製薬、佐藤食品工業、理研ビタミン、ビルメンテナンス大手の日本管財、給排水器具製造のミヤコ、生花市場運営の大田花き、中堅建設会社の塩見ホールディングスと、業種にはまるで一貫性がなかった。個人会社の「ケン・エンタープライズ」により、ライブドアグループ崩壊後に漂流状態となっていた中古車販売のソリッドグループホールディングス（のちのカーチスホールディングス）を買収するまで奔放なM&A戦略は続いた。

当の投資先企業の幹部からは「何が狙いか分からない」といった声さえ漏れていた。それくらい大島の投資戦略には脈絡がなかったのである。大島は構想が掲げる百二社という数字について一つ少ない数字ではディズニー漫画を連想させるから格好悪いといったとっておきの冗談を披露したものだが、端から目標数字ありきの構想で、その内容はあまりに空虚だった。

結局、大島による大風呂敷は過払い金返還請求と改正貸金業法による規制強化により根本的な見直しを迫られた。二〇〇六年一月の最高裁判決を機にＳＦＣＧの過払い金返還額は年間一〇〇億円を超えるようになる。法改正に対応するため、貸出金利についても前倒しの引き下げを迫られた。

大島は商工ローンに見切りをつけ、若手幹部を責任者に指名して不動産担保ローンへと突っ込んでいく。貸出残高は急激に増え、二〇〇七年七月末までの短期間にその額は三五〇〇億円を超えた。だが、三大都市圏を中心とする不動産ミニバブルが泡と消えたことで、またしても方針を見直さざるを得なくなる。しかも、急速に積み上げた不動産担保ローンの中身がすでに貸付時点でボロボロだったことまでのちに明らかとなる。

大島はいよいよ追い込まれていく。

貸し剥がしＤＭ

大島健伸が社内で「入金良化運動」の号令をかけたのは二〇〇七年一月のことだったようだ。その頃、ＳＦＣＧには約六万四千百件の顧客がいたが、そのうち四分の一にあたる一万六千件が約定日に元利金の入金が行われない延滞先となっていた。大島は月次方針で延滞率を二〇パーセントに改善させることを目標に設定した。

得意のアメとムチを使い、大島は全社員を入金良化運動に動員する。

ＳＦＣＧはどの契約でも元利払いの約定日を毎月五日に統一していた。そこで五日に入金があった場合、社員には一万円の報奨金を約束した。毎月五日までに入金が一〇〇パーセント達成できれば「皆勤賞」、十日までに達成なら「精勤賞」、十五日までなら「準精勤賞」といった具合に目標を定め、社員のやる気を引き出そうとしたのである。一方で未入金が発生した場合には一件一〇〇〇円のペナルティを課した。毎月五日の入金率が悪い店舗には「業務停止」といった厳罰までちらつかせている。

その年元日付の「1月度月次方針の趣旨説明」には「新チーム頭税」や「店頭税」といった新たな社内用語が登場し、それらノルマの達成度によって昇降級が行われるともされた。各社員には「回収人頭税」が割り振られ、必達の号令が発せられていた。「土曜日は回収の補講日」「週間の『回収―入金ガイドライン』を達成して、達成者は土曜日をスカット休む」といった記述を見ると、大島の強烈なプレッシャーに追い立てられて呻吟する社員の姿が目に浮かんでくる。

しかし、それでも入金率はなかなか上がらなかった。ＳＦＣＧには宮城県栗原市に「ジャスティス債権回収」というサービサー子会社があった。のちの民事裁判に提出された陳述書によると、二〇〇八年六月に同社の社長に派遣されていた荻野成一のところには日に何度も東京の大島から電話があり、荻野は毎週のように本社へと呼び出されていたという。回収に血眼だったその頃の大島は「債権ポートフォリオの入れ替え」を盛んに叫んでいた。そして、最後はこんなことまで口にするようになっていたという。

「貸金業法改正で金融は今後儲からなくなるので、今の債権はすべてキャッシュに換金して別の事業を立ち上げたい」

すでに大島の心は商工ローンだけでなく、金融事業からさえも離れていた。

顧客からの回収が滞っていただけでなく、ＳＦＣＧは資金調達にも苦しむようになっていた。外資系金融機関からの調達に頼っていた同社は米欧を発火点とする金融危機の影響をもろに受けた。サブプライムローンや証券化といったふくらし粉で巨大になっていた米欧の金融バブルが弾けると、ＳＦＣＧはほどなくして資金を取ることが困難になった。

二〇〇八年一月には海外市場で公募増資を実施して二〇〇億円を調達しようと目論んだが、すぐに断念せざるを得なかった。翌月末に転換社債発行へと計画を切り替え、何とか三月中旬にドイツ銀行を引受先として三〇〇億円の調達に成功したものの、あとが続かない。その年の春には米国系投資銀行のリーマンブラザーズやメリルリンチから返済を迫られるようになる。事実上の担保に入れていた不動産に不適格物件が多数混在していたことが原因のようだったが、リーマンもメリルもバブルで深い傷を負っており、日本での不動産投融資から一斉に手を引こうとしていた。

急激に資金繰りが困難になり始めたＳＦＣＧは百二社構想の下に拡大させていた戦線の整理を迫られる。投資子会社を通じて保有していたビオフェルミン製薬や理研ビタミンの株式を手放して、当座の資金繰りに充てた。それとともに、投資先で財務状態に余裕があるところからは資金を吸い上げた。なかでも標的としたのが佐藤食品工業だった。

愛知県内で業務用天然調味料エキスを製造する佐藤食品工業は売上高が七〇億円そこそこというもともとは堅実を絵に描いたような会社だ。ところが、SFCGがM&A戦略に組み込んだことでその歯車は狂った。投資子会社を通じて買い占めを始めてから二年余りが過ぎた二〇〇七年八月、SFCGは佐藤食品工業を支配下に置くことに成功する。軍門に降った佐藤食品工業は第三者割当増資を実施し、SFCGは約六一億円を追加投入した。当初発表によると、増資資金は工場拡張に使われるものとされた。

しかし、直後に資金は還流を始める。

SFCGからの派遣役員が影響力を行使するようになった佐藤食品工業の取締役会は余剰資金の運用を決議した。見計らったようにSFCGは二五億円のコマーシャルペーパーを発行、佐藤食品工業にそれを買わせたのである。SFCGによる資金還流工作はなおも続いた。およそ半年後、こんどはSFCG子会社の「Jファクター」が発行する社債を購入させようと派遣役員は画策した。その額は佐藤食品工業の売上高を上回る九〇億円にも上った。ただし、さすがにこの無茶な要求は生え抜き役員の激しい抵抗に遭う。それでもJファクターは五〇億円の社債を押し込んだ。

もはや、SFCG、そして大島は生き延びるため、なりふり構ってなどいられなかった。

二〇〇八年九月になり、大島は新規貸付を禁止するお触れを社内に発する。そして、約四万五百件に及ぶ借り手に対して一斉に返済を求めるダイレクトメールを送りつけたのである。社内ではこれを「貸し剥がしDM」と呼んだ。延滞先や入金が遅延しがちな先をリストアップしたものだったが、その件数はすべての貸出先に迫る水準だった。

猛然と回収に走るSFCGは資金調達面でも新たな局面を迎えていた。切り札としたのがローン債権の流動化だった。

SFCGは遅くとも二〇〇二年には日興シティ信託銀行との間で包括的な信託契約を結んでローン債権流動化による資金調達を始めている。同様の契約はその後、二〇〇四年三月にあおぞら信託銀行、さらに翌年三月には新生信託銀行との間でも結ばれた。

これらの信託契約は概ね同じ枠組みが採用されていた。まずSFCGと信託銀行は包括契約により信託額の上限枠を設定する。それに基づきSFCGはローン債権を譲渡し、かわりに信託銀行側は資金を供与する。信託銀行は証券化によって投資家を募り提供資金の原資としていた。SFCGと信託銀行は同時にサービシング契約も結んだ。これによりSFCGは引き続き借り手からの元利金の回収を行い、毎月それを信託銀行側に引き渡すのである。信託銀行は受け取った元利金を投資家への分配に回す。

この信託契約は関係者間でリボルビング方式とも呼ばれていた。個々のローン債権の回収が終了した場合、SFCGは上限枠が一杯になるようにかわりのローン債権を次々と譲渡していたのである。譲渡債権には延滞などが発生していない優良債権が選ばれていたが、不良化した場合には外され、やはりSFCGはかわりのローン債権を充当していた。

当初は資産の効率化を目的に始められたとみられるこの信託スキームだが、末期になると、資金調達に呻吟するSFCGはローン債権を譲渡できるだけ譲渡しまくった。収益源を売り払ったも同然のＳＦＣＧは実体的にはもぬけの殻と化していった。

ただ、借り手から見た場合、自身のローン契約の債権者が変更されていたことなど知る由もない。元利金の返済先はＳＦＣＧのままだったからだ。これはＳＦＣＧ社内でも同様だったようだ。現場の営業社員はもとより、多くの幹部にもローン債権譲渡に関する具体的な仕組みの理解は浸透していなかった。有価証券報告書では、ローン債権を保有し続けていることになっており、信託銀行からの調達資金については借入金として計上していたから、実質的なそれよりも資産と負債は大幅に膨らんでいた。

二〇〇八年七月期においてＳＦＣＧはその総資産額を七四八九億円と計上し、それに対して株主資本は二六五四億円を保っていたと公表している。この数字を鵜呑みにすれば、同社はびくともしないだけの体力をまだ残していたことになる。しかし、実際にはこの時点で大方の優良債権は信託銀行に譲渡し尽くし、金目の資産はほぼ限られていた。資金繰りに窮していたＳＦＣＧは張りぼてのようにその虚勢を誇示していただけだ。

しかし、それでも大島にはまだ一縷の望みを繋ぐことができた。資金を湯水のように注いでくれる金融機関が国内に一つだけ残されていたからである――。

第6章 暴走

クーデター

その年の夏は記録的な猛暑だった。寝苦しい夜が明けると、雲一つない青空が広がり、水銀柱は見る間に上昇して午前八時には早くも三十度を超えていた。普段に比べ人通りもまばらな土曜日のオフィス街に真夏の太陽が容赦なく照りつけた。

二〇〇七年八月十一日――

東京・大手町は並み居る金融機関の中枢が集まるいわば日本の金融村である。その真ん中に横臥する大手町ビルの一階に、日本振興銀行は本店を構えていた。いつもは多くの人々で賑わうメーン通路は閑散としていたはずだ。朝早く、十数人の男たちがそこを通り抜け、本店の入口に吸い込まれていった。毎週土曜日の午前九時に開かれる定例の執行役会がこの日も始まろうとしていた。

会議室の中央には長テーブルがあり、取締役会長の木村剛はいつものように端の上座に腰掛けた。その向かいの端には代表執行役社長に就任して三年目の上村昌史、そして、テーブルの両側に十人の執行役陣がずらりと顔を揃えた。この日はほかにも、経営監査室のスタッフともう一人の陪席者がいたから、会議室には合計十四人がいたことになる。

定刻になると、社長の上村が開会を宣言し、いつものように議事進行役を務める常務執行役の関本信洋が議題に入ろうとした。融資企画室を担当する関本はいまだ三十五歳の若手ながら、このところ行内でめきめきと発言力を増しつつあった。ところが、定例の報告が行われようとしたまさにその時、異変は起きた。

「緊急の提案があります」

突然、発言を求めたのは融資推進室を担当する常務執行役の高木仁だった。用意していた十五項目に上る「執行役会議案」を全員に配布すると、高木はその説明役に経営支援室を担当する常務執行役の西島康隆を指名した。配られた議案は事前に西島がペーパーにとりまとめたものだった。

木村がむっとした表情を浮かべるなか、西島は議案の説明に入る前に執行役会規則を読み上げた。木村を牽制するためだ。

日本振興銀行は統治形態として委員会設置会社を採っていた。株主から選ばれた取締役会が三つの委員会を設置して意思決定と経営監視を行う一方、取締役会が選任する執行役会が日常の業務を遂行するのが委員会設置会社だ。教科書的にはその分、組織内部の相互牽制が図られるとされる。日本ではこの四年前に導入されたばかりの新しい形態だったが、コーポレートガバナンス（企業統治）の厳格化を持論としてきた木村としてはまさにその導入は誇るべき実績だった。

しかし、実際のところ、ワンマン経営を強めていた木村はそれを踏みにじっていた。本来なら取締役である木村に執行役会の議決権はない。それでも木村は執行役会で事細かな指示を与え、自身の一存で業務遂行の方向性を決めていた。落合伸治の影響力が排除された取締役会のほうは木村のイエスマンばかりだった。江上剛の作家名で知られ、取締役会議長となっていた小畠晴喜や、東京青年会議所メンバーから前々年九月の郵政選挙を経て自民党国会議員に転身していた平将明、それに弁護士の赤坂俊哉ら社外取締役のほとんどは、木村が連れてきた「お友達」だった。

西島は倉庫の片隅で埃を被っていたような執行役会規則を持ち出し、木村には本来、発言権がないことを暗に示したわけである。すると、木村はテーブルをドンとたたき、高木や西島に向かってすごんでみせた。

「やるからには覚悟があるのか」

この日のクーデターは高木と西島のほか、融資推進室長補佐として審査部門の責任者を務めていた上席執行役の柳原智宏と、融資推進室北関東ブロック担当で営業部門のナンバー2だった執行役の並木康浩の四人が主導して準備してきたものだった。腹を決めていた四人の懐には辞表が忍ばせてあった。録音の許可を、四人は求めた。

「フェアじゃないな」

木村はそう口にすると、自らもＩＣレコーダーを持ってこさせて録音を始めた。緊張感が漲るなか、西島は配布した十五項目の議案について説明を行った。その内容は概ね次のようなものだった。

第一号議案　執行役会の運営方法の変更について（毎週金曜日正午から御茶ノ水分室で開催とする）
第二号議案　その他毎週土曜日開催の各種会議の運営方法の変更について（ブロック長会議は廃止する）
第三号議案　各種朝会の運営方法の変更について（毎週火曜日の戦略会議は実態として戦略が議論されていないため廃止する）
第四号議案　ノンバンク債権の買い取りについて（ノンバンク債権の買い取りについて原則禁止とする）
第五号議案　各種業務提携について（これまで執行役会などにおいて事前協議されないまま進められ、事後報告となっているケースが散見される）
第六号議案　ビービーネットファイナンス保証商品の扱いについて（全案件の強制入庫は中止し、ほかの提携商品と同一とする）
第七号議案　自社株式の売却手続きについて
第八号議案　人事施策上の対応について（ペナルティ制度については労働基準法に抵触す

る恐れがあるため廃止する）

第九号議案　経費支払いに関する対応について

第十号議案　拠点経費予算における人件費の扱いについて

第十一号議案　営業目標の設定について

第十二号議案　弁護士介入先の扱いについて（原則、破綻懸念先以下とする。弁護士介入先への追い貸しは不可とする）

第十三号議案　案件審査体制について

第十四号議案　金融庁検査対応について

第十五号議案　執行役及び取締役との合同会議を早期に開催する件

どれも木村のやり方を真っ向から否定するものだった。休日返上での会議をとりやめ、行内で秘かに進められていたノンバンクからの債権買い取りや不透明な業務提携などを見直し、自己に不都合な点に目をつむる偏った自己査定を改めるというのが議案の趣旨だった。やり玉にあげられた「ビービーネットファイナンス」は大証ヘラクレスに上場するビービーネットの金融子会社で、日本振興銀行は半年ほど前に提携を結んでいた。木村は新規貸出案件についてすべて同社の保証を付けるとの方針を押し進めようとしていた。

西島の説明が終わると、その要請に応じ、上村は十五の議案を順次採決に諮った。当然、木村はそれに参加することを許されない。高木ら四人は事前に多数派工作を行っていた。木村が黙って見守るしかないなか、議案は次々と可決されていった。

しかし、ここで木村はやおら反撃に出た。

「執行役会では経営方針の変更はできない。これは取締役会で決議すべき事項である」

木村の主張には上村も同調した。さらに関本と、コンプライアンスを担当する常務執行役の山口博之が加勢した。

「僕は株持ってんだけどね。株主代表訴訟もできる。会長を辞めてもいい。残ったメンバーでやればいいよ。そのかわり、僕は株持ってるからね」

木村は大株主としての実権を誇示し、開業以来率いてきた自身の辞任もちらつかせて、高木らクーデター派に揺さぶりをかけた。

「会長のいない銀行には残れない」

そう言って、関本は木村との心中を仄めかした。

さらに、山口も続いた。

「私も辞めます」

採決によりクーデター派の勝利は決したかに見えたが、木村の反撃を機に両派による議論はけんか腰になり、執行役会は紛糾した。

何を思ったか、高木と柳原が会議室を出て行った。そして、しばらくして戻ってくると、こう吐き捨てた。

「うちら、もう辞めますよ」

それだけ言うと、二人は執行役会を抜けて、どこかに行ってしまった。これでクーデター派は腰砕けになった。

「×時×分、解任。議事録取っとけ」

木村はそう雄叫びを上げると、そのまま議論を収めにかかった。

「落ち着いたから、もう一回、議決をとろう」


関本が作成者となり、山口が確認した形の執行役会議事録によると、やり直し採決は八人で行われたことになっている。高木と柳原に加え、並木も辞任を表明したからだ。その時刻は午後十二時五十五分と記録されている。ただ、元執行役の一人によると、やり直し採決の場にも並木は居たはずだという。


いずれにせよ、クーデター派で最後まで主張を通したのは西島だけだった。午前の採決で賛成していた西野達也らは木村以下の体制派に寝返った。いったん可決された十五項目の議案は次々とひっくり返されていく。

「代表執行役に一任」

「否決」

「議案取り下げ」

わずかに可決されたのは第十号議案のみで、ほかに第九号議案が継続審議とされた。

四時間余りに及ぶ紛糾の末、この日の執行役会が閉会したのは午後一時二十五分のことだった。

クーデターは葬り去られた。最後まで木村のやり方に異を唱えた西島も後日、辞表をたたき付け、去って行った。これ以降、木村による独裁体制はより強固なものとなっていく。

身売り交渉

ここで時計の針をすこし巻き戻して、クーデター派の四人が強権志向を強める木村剛に反旗を翻すまでの内情を見ておこう。

創業メンバーの落合伸治を追放した木村はその後、ワンマン経営に傾くとともに、水面下で日本振興銀行の身売りを模索した。

すでに触れたように、木村らは新銀行を立ち上げるにあたって資本金集めに苦労し、開業後もそれは変わらなかった。木村が自身や個人会社の名義で大量の増資を引き受け、おそらくは本意でない形で筆頭株主に押し出されたことも先述したとおりだ。銀行は財務の健全性を保つため、自己資本を拡充させる必要がある。貸出や預金量を増やす一方で、開業初期の赤字から抜け出せない日本振興銀行にとっては資本金集めの十字架がなおのこと重くのしかかっていた。

それをあざけるかのように、追放後の落合は持ち株を勝手に売却していた。倉庫会社から投資会社に変貌して市場関係者から警戒の目で見られていたジェイ・ブリッジなどが売却先だった。木村にとってはこれも頭の痛い問題だったに違いない。木村は安定株主を必要としたはずだ。

この間、個人的な伝手を頼りに、木村は増資の引き受け先をあたった。「村上ファンド」を率いてキャッシュリッチ企業を次々と手玉にとっていた村上世彰も協力者の一人だった。さらに木村の援軍となったのは、インターネット関連企業のグローバルメディアオンライン（のちにGMOインターネット）を経営する若手起業家の熊谷正寿だった。

上場がほぼ同期にあたるライブドアに対抗するかのように、その頃の熊谷は金融事業の強化に経営努力の大半を傾けていた。「銀行を始めたい」と周囲に漏らしていた、そんな熊谷が白羽の矢を立てたのが日本振興銀行だった。だが、その目論見はうまく事を運ばなかった。一説によると、金融庁が首を縦に振らなかったためともされる。

それでも、熊谷は日本振興銀行への出資だけは実現させた。二〇〇五年三月末には個人と会社の名義で約二割の株式を保有するに至っており、株数だけから見れば、木村とともに筆頭格の大株主に躍り出た格好だった。

ただ、熊谷が日本振興銀行の経営に直接関与した形跡はない。その傍らで、熊谷が突っ込んでいったのは消費者金融事業だった。中堅の「オリエント信販」を買収するなど、投じた資金は五〇〇億円を軽く超えた。しかし、業界にかつてない逆風が吹き始めたことで、熊谷は致命傷を負う。振興銀の執行役会でクーデターが勃発した頃には、消費者金融事業からの全面撤退を余儀なくされており、熊谷は資本穴埋めのかたに個人所有の不動産を差し出さなければならないほどだった。

関係者によると、「KF-i」の社内で銀行出資への反対論が強まっていた頃、木村はこんな態度を示していた。「絶対失敗しますよ」と忠告する幹部に対して、「いいんだよ、上場させて早くおさらばすれば」と木村はあっけらかんと話し、「どこかに売ってやればいい」とも言い放っていたという。この頃の木村は持ち株の早期処分こそが最優先事項と考えていたとみられる。

身売り先候補として熊谷の名前は後退していったが、元執行役の一人によると、それ以前にもライブドアの名前が行内で囁かれたことがあったという。ただ、これについてはそれほど突っ込んだ話にはならなかったようだ。

むしろ、それよりも具体的に進んだのは、韓国の大手金融機関である新韓銀行への身売り話だった。実際、二〇〇七年のゴールデンウィークには新韓銀行の担当者が日本振興銀行に乗り込んできて、数日間ぶっ通しでデューデリジェンスを実施していった。新韓銀行は日本での事業展開の足がかりとして既存銀行の買収を考えていた。しかし、この身売り話もすぐに立ち消えとなった。振興銀の財務内容の劣悪ぶりが、その理由だったとされる。

「僕は逃げません」

木村は社内のイントラネットでよくそう書いていたという。裏返せば、行員が皆、木村はいつか銀行を去るに違いないと訝っていたということでもある。木村は毎朝九時に決まって日本振興銀行に来て、戦略会議に顔を出すと、日中は外出することがほとんどだった。兼務する多方面の仕事をこなしていたようだ。そして、深夜十時頃に戻って来ると、電子メールをチェックして帰宅していった。振興銀に回ってくるタクシーの領収書は毎月五〇万円ほどだったという。

身売り話に手詰まり感が出てきた頃から木村は腹を固めたようだ。開業三年目に黒字化するという公約の期限も迫っていた。木村の様子は明らかに変わり、独断専行が目立つようになっていた。

日本振興銀行は本店の隣にあった空きテナントに別室を借りていた。もともとは落合を体よく銀行本体から遠ざけるために設立した「日本振興ファイナンス」にあてがうために借りたものだったが、ある時から企画部門が使うようになっていた。

「関本君、ちょっと」

木村はそう言って手招きすると、企画部門を統括する関本信洋とともにその別室によく閉じ籠っていたという。なぜか企画部門だけは電話回線も別だった。行内でもその実態は秘密のベールに覆われており、まるで奥の院のような存在といえた。

関本はりそな銀行からコンサルティング会社を経て、開業半年後に日本振興銀行に中途入行した切れ者だ。一九七二年生まれの若さながら、入行からほどなくして執行役へと抜擢されていた。そして、新韓銀行への身売り交渉を任されたあたりから、木村に重用されるようになっていた。

木村と関本のラインが押し進めようとしたのは提携戦略であり、ノンバンクからの債権買い取りビジネスだった。

「ミドルリスク・ミドルリターン」を掲げて出発した日本振興銀行が需要として取り込もうとしたのは、ハイリスクの商工ローンとローリスクの銀行融資との間に広がっているであろう中間層だった。それまでどこも手がけていない未開の地であり、それがため巨大なマーケットが眠っているはずだというのが木村の考えるところだった。

しかし、現実にやってみると、貸出額は伸び悩んだ。もともとの金額が小さいうえ、短期のつなぎ資金がほとんどなので、貸しても貸してもすぐに借り手から返済されてきたからだ。貸出残高は一向に積み上がらず、二〇〇六年九月末時点でも、預金量が四五八億円であったのに対して貸出金は半分の二二八億円にとどまっていた。

貸し出しが増えなければ、収益は上がらない。二〇〇六年九月中間期の経常赤字はおよそ三億円で、黒字浮上のきっかけすらつかめない状況だった。そこで、関本らは提携戦略やローン債権買い取りが貸出残高を積み上げられる起死回生策になると考えたようだ。

日本振興銀行は二〇〇七年一月、前出のビービーネットファイナンスと業務提携する。さらに二カ月後には、親会社にあたるビービーネットと株式持ち合いにまで関係を深めた。その頃のビービーネットは、多くのベンチャーがそうであったように、勝手気ままな拡大戦略の敗戦処理に追われていた。直前期には三三億円もの最終赤字を計上し、実体が定かでない投資事業組合を割当先とする増資も進められようとしていた。

大阪に拠点を置く業績不振のベンチャーとの提携は、行内でも「降ってわいたような話」として受け止められていた。ただ、しばらくすると、企画部門の狙いが明らかになる。

「案件にはすべて貸せ」

そんな号令が突如発せられ、すべての貸出案件についてビービーネットファイナンスによる保証を付けることになったのである。クーデター派が突き付けた十五項目に上る執行役会議案に挙がっていた「強制入庫」とはこのことを指す。それに対し、「僕はできません」と言って、強硬に反対していたのが審査部門の責任者を務めていた執行役の柳原智宏だった。

そもそもビービーネットファイナンスにそれだけの保証能力があるのかさえ不確かな話だった。当時は誰もその事実を知ることはなかったが、木村は雑誌創刊を目的に立ち上げていた個人会社の「ナレッジフォア」を通じてビービーネットファイナンスに年利一五パーセントで三億円余りを貸し付けており、水面下で異様ともいえる肩入れを行っていた。

そうしたなか、さらにローン債権の買い取り話が持ち上がった。

折から、過払い金返還請求や規制強化の逆風下にあった商工ローン業界では事業縮小の動きが始まっており、まとまったローン債権が売り物に出始めていた。それを買い取れば、短期間で貸出残高を積み上げることが可能というわけだ。企画部門からは買い取り先の候補として業界準大手のNISグループや「三和ファイナンス」の名前が漏れてきていた。さらに「手数料一〇パーセント」という数字も早くから聞こえていた。買い取り時に相手から手数料を取ることで、利息収入よりも前倒しで収益を計上する考えだったようだ。

ただし、ローン債権買い取りには貸し倒れや過払い金返還という不確定なリスクが避けて通れない。元執行役の一人は木村や関本らが押し進めようとしていることに漠然とした不安を感じるようになった。そして、こんな疑問が浮かんだという。

〈預金者から集めたお金をそういうところに使うのは背任ではないのか……〉

クーデター計画のきっかけは執行役仲間の高木仁と西島康隆がふと交わした愚痴話だったよう

だ。

日銀時代に見せた馬力は相変わらずで、木村はとにかく職員を遮二無二働かせることに邁進していた。毎週土曜日は午前九時から執行役会を開き、そのまま正午からの店長会議になだれ込む。午後四時頃にそれが終わると、こんどは一般職員も集めて木村の経営塾が始まる。そして、夜からは飲み会である。終わる頃には、皆へとへとになっていた。とりわけ店長クラスは数字に追われる毎日が続いており、体調を崩してしまう者もいた。

「このままいくと、良くないなぁ」

二〇〇七年春、営業部門の責任者を任されていた高木とバックオフィス部門を統括していた西島は飲みながらそんなふうに考えていた。木村は「三振ルール」と称してペナルティ制度まで導入していた。貸出先に回収不能が発生するなどした場合、それが三回続くと給与に反映させる仕組みだ。「僕は二〇パーセントの株を持っている。自分たちのお金だと思って貸してほしい」というのがその頃、木村の口癖だった。一方で木村は債務整理などで弁護士が介入している貸出先には追い貸しをするよう現場に求めていた。「弁護士介入先」は不良債権に分類するのが通常だが、木村はそんなことにはお構いなしだった。

日頃から現場の陣頭指揮に立っている高木と西島の危機感は募る一方だった。いったん辞意を漏らしていた柳原が話し合いに合流し、さらに営業部門で高木の補佐役を務めていた並木康浩も参加するようになった。とはいえ、四人は木村を会長の座から追い落とすことまでは考えなかった。執行役会の場で正常化を働きかけることが唯一最大の目標だった。

八月に入ると、四人は多数派工作を進める。会合場所に選んだのは、本店が入る大手町ビルとは目と鼻の先にあるサンケイビル六階の居酒屋「吉今」だった。二度行われた会合には四人のほか、六月末から取締役を兼務していた上席執行役の西野達也と、四月に執行役となったばかりの福嶋正明も参加した。高木や西島といった中心メンバーは御茶ノ水分室近くの喫茶店「ルノアール」でも会合を重ね、十五項目に上る議案をまとめていった。

この時点で高木らは執行役会十一人のうち六人を押さえたことになる。これに対し、木村側に付くとみられたのは側近の関本と山口博之の二人で、社長の上村昌史もどちらかというと木村寄りだ。ＩＴ部門担当の池上和彦と、日栄から転職してきた香下大樹は中間派といったところだった。

そして、八月十一日を迎えることとなる。日本振興銀行にとって大きな転回点となるはずであった日、その結末は思いもよらないものであり、さらに事態はおよそ常識外れの方向に転がっていった。

金融庁との秘密戦争

クーデターに失敗した四人の辞任は八月二十日の取締役会で正式に受理された。

実はその四カ月ほど前から日本振興銀行では金融庁による検査が続いていた。通知がなされたのは四月四日、そして同月十八日には主任検査官である大平博一以下五人の金融検査官が立ち入り検査に着手していた。四人の辞任が決まった四日後、事態を重く見た検査チームは振興銀側に次のような質問票を手渡している。

「辞表提出の契機となったのは、8月11日の執行役会における執行役会の運営、貸出債権の購入、ビービーネットファイナンス㈱の取扱い等に関する提案が受け入れられなかったことと聞いておりますが、当日の全ての提案事項及びその審議状況等執行役会の議事運営の経過について、取締役会として確認されましたか。（中略）4名の執行役が同時に辞表を提出するという事態が発生したことについて、組織体制の整備等内部統制組織の構築に責任を負っている取締役会としては、経営管理上の観点からどのような問題意識をお持ちか、ご説明願います」

回答期限は四日後とされた。質問に対する回答はひどく感情的なものだった。

「結果的に取締役会として、組織の動揺を防止できなかった点につき責任を感じており、極めて遺憾と考えております。しかしながら、今回の件につきましては、外部からの示唆に煽られて、当局検査に絡めて組織運営の主導権を奪取せんとした悪質なものであり、組織防衛の観点からは、やむを得ないものと考えております」

危うく失脚させられるところだった木村剛らが考えた「外部」とはすなわち金融庁を指していた。当局が高木仁ら執行役四人を唆して体制の転覆を謀ったのが八月十一日のクーデターだったというのが、驚くべきことに、木村らが得た結論だった。

それを受け、日本振興銀行の取締役会は九月三日、「特別調査委員会」の設置を決議する。その日の議事録には取締役会議長である作家の江上剛こと小畠晴喜による次のような発言も記録されている。

「先般の金融庁とのヒアリングにて向こう〈金融庁〉〈から〉職員、役員の退職が多いと言われた。現在、落合〈伸治〉氏の時から比較すると良くなっている。但し、今回の4名の退職に驚きを持っており、是非、今回特に4名の退職については取締役会として客観的調査したいと当方から言った。また、金融庁・大平検査官に『私は絶えずマスコミから日本振興銀行について聞かれるが情報が洩れているのではないか、このような検査はおかしい』とも言った旨述べた」（〈 〉内は引用者）

先の金融庁に対する回答にあった謀略説について、この時点で小畠がどの程度同調していたかは読み取りにくいが、後段を読むと、少なくとも検査に不満を抱いていたことは確かなようだ。特別調査委員会は、その小畠のほか、社外取締役で弁護士の赤坂俊哉、それに外部弁護士の中島茂の三人によって構成された。もっとも、関係者に対するヒアリングには木村も立ち会っていた。「そう仕向けられているように感じた」と元執行役の一人はその時の様子を振り返る。木村によって最初からストーリーはできあがっていた。

十月十一日付で特別調査委員会がまとめた「4名の執行役の退任と内部統制組織の状況」と題する報告書や、その下敷きとなった「本件に関する当行の事実認識」と表題の付いた社内文書によると、金融庁による謀略工作は概ね次のように描かれている。

中心人物として名指しされたのは検査官の一人、栗山敏男だった。高木らクーデター派との接触は立ち入り検査開始から二カ月が経った六月初旬に始まったとされる。「ビジネスモデルは正しいが、今のワンマン体制は問題。自分は東京相和銀行の出身だが、今の日本振興銀行は当時のままの感じで、木村会長の取締役退任が必要だ」——。栗山は高木らを前にそう発言したとされる。

その月の下旬、栗山と柳原智宏が御茶ノ水分室の給湯室で極秘に接触を重ね始め、さらに高木が内部告発文書を書いて、西島康隆がネットカフェから金融庁に送信することが決まったという。金融庁のホームページに内部告発が投稿されたのは七月二十日頃のこととされる。受理を確認した栗山が「届きました」とメモ書きした付箋を西野達也に見せたとの生々しい場面も前出の「事実認識」には書かれている。そして、そのまま高木らは執行役会での反乱へと突き進んだというわけだ。

特別調査委員会が金融庁に宛てた報告書には謀略説を裏付ける証拠として次のような匿名証言

が挙げられている。

「4名の1名、A氏が7．18、ネットカフェから送信した」（N氏証言）

「7月末ころ、4名のうち1名T氏からA氏が6000字におよぶ文書を漫画喫茶から送った」（F氏証言）

「4名のうち1名T氏からA氏が行政に6000字に上る文書を出した、と聞いた」（S氏証言）

それら証言者のなかで木村に最も有益な情報をもたらしたのは、おそらく執行役会のやり直し採決でクーデター派を裏切った西野だったと思われる。当局に対する敵対姿勢を露わにする木村らはその後、金融庁の法令遵守室長に宛てて事の真相究明を求める依頼文書を、社長である上村昌史の名前で提出しているが、そこには謀略説の証拠として一遍の陳述書が添付されていた。それは西野によるものだったのである。

福岡県内の商業高校を卒業して第一勧業銀行に入った西野は五十歳で早期退職し、生命保険会社勤務を経て二〇〇五年十一月に日本振興銀行に入行した。経歴からすれば、決して出世を高望みできるような人物ではない。だが、クーデター鎮圧後、なぜか西野は木村に重用された。振興銀が取り込んだ上場企業の社長ポストに派遣され、二〇〇九年六月には銀行本体に呼び戻されて上村の後任として社長へと登用されている。「調子がいい」と周囲から評される西野は、どこまでも木村に付き従うイエスマンの鑑だった。

木村らが描いた金融庁謀略説の真偽については定かでない。前述した社内文書を読んでも、謀略説にはかなりの飛躍があるように思えて仕方がない。内部告発までのストーリーはいいとして、その後に検査官がクーデターを唆したとする直接的な証拠はおろか、そこへ至るまでの説得力あるストーリーさえ、説明がなされていないからだ。

木村が固執した金融庁謀略説に対して、今日、元執行役の一人は一笑に付すばかりである。検査官の常駐する部屋に柳原がよく呼び出されていたのは確かなようだが、検査における通常のやりとりがあったにすぎないという。それよりも、元執行役によれば、当初から木村は金融庁検査を敵視していたという。ここではむしろそのことのほうが気にかかる。

この時、日本振興銀行に対する金融庁の立ち入り検査は二回目だった。

一回目が行われたのは二〇〇五年十一月初旬から翌年一月末にかけてのことである。その検査は実に微妙なタイミングで行われていた。開始の直前、金融担当大臣が伊藤達也から与謝野馨に交代していたのだ。伊藤は木村の最も親しい政治家である。竹中平蔵の後任として副大臣から昇格する形だった伊藤は、私的アドバイザリーチームを設置して木村をメンバーに選んでいた。伊藤は竹中路線のよき継承者といえた。対して、新大臣に就任した与謝野は小泉・竹中路線とは距離を置いていた。検査が入る前、日本振興銀行をめぐっては木村の個人会社に対する低利融資の問題が指摘されていた。国会では金融庁の監督姿勢を問う声が上がっており、見ようによってはそうした動きに促される形で検査が始まったともとらえることができた。

もっとも結局のところ、一回目の検査では大した指摘はなされていない。四月二十八日付の結果通知では「役職員の退職者が比較的多いことに加え、組織変更を頻繁に行っており（中略）組織体制が整備されていない」といった指摘がなされた程度である。そして一年後、二回目の検査が入った。通常なら二カ月ほどで終了する立ち入りは長期化の様相を呈していた。その最中、執行役四人による反乱が勃発した。

最終的に二回目の検査は半年間にも及んだ。終了したのは十月四日のことだ。しかし、それでも大した指摘はこの時もなされていない。一方で、かつて大臣のブレーンとして顧問まで務めた金融庁に対し、木村の憎悪はますます深まっていった。謀略を暴こうと、日本振興銀行は行政文書の開示請求を行い、異議申し立てを経てもそれが認められないとなるや、後日、国を相手取って異例の行政裁判まで起こすことになる。

金融庁を敵視する木村は被害妄想を膨らませ、その揚げ句に謀略説というおよそ常軌を逸した思考に嵌り込んでいったということなのだろうか。まちがいないのは、そんな木村の暴走を止める人間が日本振興銀行にはもはや誰もいなかったという事実だけである。

債権買い取りビジネス

日本振興銀行が貸金業者から大量にローン債権を買い漁っていることがちょっとした話題にな

り始めたのは二〇〇八年春のことだった。

その年三月二十一日付で日本振興銀行は三和ファイナンスとの間でローン債権八八億円を買い取る契約を結んでいた。直後から三和ファイナンスの借り手には債権譲渡通知書が大量に届き始めた。ところが、なかには金額が誤って記載された通知があった。どうやら事務手続きが杜撰らしく、しかも、振興銀の問い合わせ先が「大阪カスタマーセンター」という見慣れない部署となっていたことも憶測を呼んだ。振興銀は四月十五日付で慌てて「お詫び」のプレスリリースを公表するなど対応に追われる始末だった。

それらにも増して、この債権譲渡スキームには極めて不可解な点があった。譲渡後のローン債権には「ゴールデン商事」というまったく無名の会社による連帯保証が付くとされていたからである。借り手は保証料こそ求められなかったが、かわりに承諾の有無さえ確認されることはなかった。半ば強制的に謎の会社が連帯保証人に立つという、ありがたくもあり、どうにも薄気味の悪い話でもあったのである。借り手から見えないところで、何かが進行していた——。


その頃、三和ファイナンスほど評判の悪い貸金業者もほかになかった。同社は都内で金融業を営んでいた山田紘一郎が一九七五年に法人化したもので、東京相和銀行の後押しを受けて業界準大手にのし上がった。東京・西新宿に関連会社が「飛鳥ホテル」を建設し、韓国への進出も果たしている。しかし、業界に逆風が吹き始めると、行状の悪さが次々と明るみに出た。末端の社員が違法な取り立てを行っていたとして、関東財務局から二カ月間の業務停止処分を食らったこともある。また、過払い金返還請求に対しては徹底的に支払いを渋り続けた。裁判で負けてもその姿勢は変わらなかった。

すでに三和ファイナンスは新規貸付を全面的に停止しており、創業者の山田も社長を退任していた。日本国内での事業継続に見切りをつけ、韓国での展開に軸足を移したものとみられていた。そんななか、同社の身売り話が水面下で進められたようだ。買い手に名乗りを上げたのは新興勢力の「かざかファイナンス」だった。そして、そのパートナーこそが日本振興銀行だったのである。

かざかファイナンスを率いるのは藤澤信義という若手経営者だった。一九七〇年生まれの藤澤は東京大学医学部という国内有数の狭き門に入学を果たしたものの、ゲームセンターでのアルバイトに精を出す余り、卒業した頃には二十八歳になっていたという変わり種だった。東大卒業後も藤澤はアルバイト先に勤め続けたが、三年ほどで退職すると、こんどは新宿に本社を置く「ビィー・ジャパン」という不動産担保ローン会社へと転職した。二〇〇一年六月のことである。

当時、ビィー・ジャパンは荒っぽい営業で知られた会社だったようだ。まず社員は法務局に行き、まだ簿冊形式だった不動産登記簿を片っ端から閲覧した。そして、ノンバンクからの借り手を探し出すと、一目散に営業をかけ、自社への借り換えを勧めるのである。そして、いったん貸した先には借り増しを促した。物件の担保能力の限界まで「パンパン」に貸し込むのである。最後、借り手が返済に窮すれば、物件ごと取り上げてしまう。そんな借り手を食い潰すようなやり方だった。

ビィー・ジャパンがサービサー子会社の「ワークアウト債権回収」を設立した際にはこんな一悶着まで起きている。法律上、サービサー会社は弁護士を取締役に起用する必要があるが、ワークアウト債権回収が第一東京弁護士会に取締役選任の営業許可申請を行ったところ、異例なことに、却下されてしまったのである。ビィー・ジャパンの商行為には問題が多いというのがその理由とされた。それを不服としてビィー・ジャパン側は提訴し、最終的に勝訴判決を得てはいる。結果はともかく、その頃のビィー・ジャパンによからぬ風評がつきまとっていたことを物語るエピソードといえるだろう。

そんな金融道を地で行くような世界に踏み込んだ藤澤だったが、すぐに頭角を現したようだ。転職から十五カ月後には取締役に就任し、さらに九カ月後には代表取締役へと一気に駆け上がっている。しかもこの間、藤澤は三分の一の株式を握る筆頭株主ともなった。そして二〇〇五年七月、藤澤にとってまたとない申し出が舞い込む。当時、日の出の勢いにあったライブドアが買収を持ちかけてきたのである。この時、買収金額は非公表とされていたが、藤澤はビィー・ジャパン株の売却で数十億円もの大金を手にしたとされる。

ライブドアグループ入りした藤澤はその後、「ライブドアクレジット」の社長に横すべりした。そして、証券取引法違反事件でグループが解体の憂き目にあってもしぶとく立ち回った。ライブドアクレジットは投資ファンドの傘下に移ることで生き残り、二〇〇七年二月にかざかファイナンスへと社名を変更する。その四カ月後に業務提携を結んだ先こそが日本振興銀行だった。貸出残高が伸び悩む振興銀は不動産担保ローン進出に活路を見いだし、そこにかざかファイナンスが与信や審査のノウハウを提供して保証も付けるというのが両者提携の眼目とされた。

遅くとも三和ファイナンスのローン債権が譲渡された二〇〇八年三月の時点で、同社の買収に向け、日本振興銀行とかざかファイナンスとの関係は共同戦線と呼ぶべきものに深化していたはずである。なぜなら、振興銀へのローン債権譲渡に伴い、突如、保証会社として現れた前出のゴールデン商事は、かざかファイナンスのダミーだったからである。

法人登記簿を見ると、ゴールデン商事の設立は一九六六年と古く、本店は東京都世田谷区北沢、目的欄には飲食店やパチンコ、ゲームセンターなどとある。二〇〇二年以降、長らく役員に関する登記がなされていないところを見ると、休眠状態にあったものとみられる。ところが、二〇〇七年十月に突如として役員の就任登記がなされ、ゴールデン商事は息を吹き返す。この頃から三和ファイナンスのローン債権譲渡スキームの話が進み始めたのかもしれない。

信用調査会社によれば、ゴールデン商事が休眠化するまでにはこんな曲折があったようだ。同社はもともと小田急線下北沢駅近くでパチンコ店「ゴールデン会館」を経営していた。タレント小池栄子の実家でもある。その後、同社は横浜銀行からの融資を得て、長野県諏訪市に総合レジャーランド施設を建設した。しかし、多額の投資が徒となり、借金の重圧に喘いだ。結局、一九九七年には諏訪市の施設を閉鎖、ゴールデン会館もゲームセンターへと業態転換を迫られた。

その後、横浜銀行はゴールデン商事向け融資を不良債権に分類する。融資債権はバブル崩壊後のゴミ溜めとして設立された共同債権買取機構に売り払われ、ゴールデン商事は漂流状態に陥った。そうしたなか、二〇〇二年六月になり、同社の債務整理は突然大きく前に進み出す。ゴールデン会館を売却し、新たにサービサー会社の管理下に置かれることとなったのである。この時、会館を買い取ったのがビィー・ジャパンだった。管理下に置いたのは、その子会社のワークアウト債権回収である。これ以降、ゴールデン商事は実質的に休眠状態に入り、ビィー・ジャパンはゲームセンター事業で日銭を稼げるゴールデン会館を掌中に収めた。

その頃、藤澤はすでにビィー・ジャパンに入社しており、ワークアウト債権回収では常務にも就任していた。ゴールデン商事をめぐる債務整理スキームはおそらく藤澤の主導によって進められたものとみられる。ゴールデン会館は二年半後、ビィー・ジャパンから「GSコーポレーション」なる有限会社に転売された。同じ頃、ビィー・ジャパンはライブドアグループ入りしているが、一方でGSコーポレーションの取締役には藤澤と自宅住所を同じくする女性一人が就任し、藤澤自身も株式の大半を握っていた。日銭を稼ぐゴールデン会館や、休眠化したゴールデン商事は、個人的な手駒としてそのまま藤澤の手の内にあったのではなかろうか。

これらから、日本振興銀行が三和ファイナンスのローン債権を買い取った際にゴールデン商事が唐突に登場したのは、藤澤による買収含みの動きだったと理解できる。

ローン債権譲渡から半年後の二〇〇八年九月、藤澤が率いるかざかファイナンスは歌舞伎町の飲食ビルに登記された「ラディカル」なるこれまたダミー会社を通じて三和ファイナンスを予定調和的に買収した。そして、その年の暮れ、ダミーとしての役目を終えたゴールデン商事はその保証事業を三和ファイナンスに承継し、再び休眠会社となったのである。前後してかざかファイナンスは「ネオラインキャピタル」へと社名を変更した。藤澤は投資ファンドが持っていた株式を買い取り、以後、独立王国を築いていくこととなる。

結局、譲渡スキームの最終形はこうなったことになる。

まずローン債権の権利は売り手である三和ファイナンスから買い手である日本振興銀行に移った。ただし、売り手が連帯保証をする形なので、買い手は買い取った債権の貸倒リスクを負うことはない。振興銀が負うとしたら、それはローン債権を売り払いながら、連帯保証人にとどまった三和ファイナンス、つまりは買収者であるネオラインキャピタルに対する信用リスクである。一方の売り手側から見れば、三和ファイナンスは振興銀から資金を得つつも、売ったはずのローン債権のリスクを背負い続けなければならないからその分、売却の意義は減殺される。

これは金融の常識から見て、極めて不可解な構図といえた。通常、ローン債権の買い取りは、買い手がデューデリジェンスを行い、貸倒リスクなどを見極めたうえで、売買は時価によって行われる。中小零細企業向けの商工ローンは当然、貸倒リスクが高く、しかも二〇〇六年一月の最高裁判決以降は過払い金返還リスクも格段に増したため、簿価に比べて時価は相当低くなるはずである。それでも売り手には、リスクを遮断できるメリットがある。ところが、日本振興銀行は買い取りを簿価で行っていた。そのかわり、売り手による連帯保証を要求していたのである。

見方を変えれば、これはローン債権を担保にした融資と同じだ。本来、銀行は大口融資規制によって自己資本の一定割合までしか一つの先に対する融資が認められていない。日本振興銀行によるローン債権買い取りスキームはこの規制を逃れる脱法的なビジネスといえた。二〇〇八年三月末時点で振興銀の自己資本は六二億円しかない。三和ファイナンスからの八八億円ものローン債権買い取りを実質的な融資だったとみなせば、その額は自己資本を優に上回り、あまりに危険性の高い取引だったと言うしかない。

ただ、三和ファイナンスからのローン債権買い取りは「終わりの始まり」でしかなかった。木村と関本が中心となって開発したこの画期的な「商品」は商工ローン業界を席巻する。日本振興銀行は高金利の定期預金を扱い始め、全国の支店を動員して、預金者から集められるだけカネを集めた。そして、集めたカネは奥の院である融資企画室によって振り向け先が決められていった。カネ詰まりに喘ぐ商工ローン業者は無心のため振興銀の前に列をなした。その一群のなかに振興銀はまたとない太客を見つける。

それこそがＳＦＣＧだった。

第7章 一瞬の邂逅

木村と大島の蜜月

木村剛と大島健伸が初めて相対峙したのは二〇〇八年の十一月頃だったとされる。会合場所として選ばれたのは、日本振興銀行の本店にほど近い神田界隈の料亭風の店、ただし、それほど高級な雰囲気ではなかったという。振興銀はその年四月、三七億円を投じて融資先の個人から神田司町に自社ビルを購入し、大手町から本店を移していた。

その日は日本振興銀行が顧客であるＳＦＣＧを接待する格好だった。トップ同士が顔合わせして今後さらに取引を拡大させようとの狙いで設けられた会合というわけだ。出席者は振興銀側が取締役会長である木村のほか、融資企画室を担当する取締役兼専務執行役の関本信洋とその部下である佐藤賢一の三人、ＳＦＣＧ側は社長兼会長の大島とその腹心で副会長を務める菊池渡の二人だった。

木村はその場で、前の日本銀行総裁を呼び捨てにして「誘われたから入行してやった」などと、こけおどしともとれる逸話を披露しつつ、その頃実行に移していた「百社構想」を、大島らに向かって自信満々に語り始めたという。日本振興銀行は親密先で構成する企業集団「中小企業振興ネットワーク」の創設を公表しており、その頂点に君臨する理事長の座には木村自らが就任していた。その参加企業を百社にまで増やそうとの大風呂敷を、この頃から木村は広げていた。

どこかで聞いたような話だが、かつて「百二社構想」を掲げた大島はあくまで謙虚にそれを聞いていたという。自信家同士の組み合わせというのは面白いもので、互いが意見をぶつけ合う一触即発の緊張感はどこにもなく、それぞれが相手のことを立てるのだという。社内でサディスティックなまでに社員を罵倒して興奮のあまり物を投げつける大島にしろ、休日返上の会議に次ぐ会議で全職員に過大な目標を課して限界まで働かせることを当然視している熱血主義の木村にしろ、二人の絶対権力者は和やかな表情で互いの話に頷き合っていたらしい。

この時すでに日本振興銀行とSFCGとは一年近くにわたって取引関係にあった。両者の間でローン債権の譲渡契約が初めて結ばれたのは前年十一月二十七日のことである。振興銀はその時、SFCG子会社の「Jファクター」から五一億円の債権を買い取っている。さらにその一カ月後、こんどはSFCG本体との間で譲渡契約が結ばれた。その額は一気に一六〇億円へと跳ね上がった。以来、両者の関係は曲折を経つつも深まっていく。

この日、木村と大島が初めて顔を合わせた時点で、日本振興銀行とSFCGグループとのローン債権譲渡契約は少なくとも計九回を数えていた。もはや互いが急所を握り合うほどの心中関係にあったともいえる。

二〇〇七年の夏以降、SFCGの資金繰りは厳しさを増していた。前にも触れたところだが、SFCGは傘下に入れた佐藤食品工業にコマーシャルペーパーなどをむりやり押し込んで資金還流を図るほど追い込まれていた。山一證券から転職していた部長の後藤信義以下、財務部に対しては、資金調達を急かす大島から強烈なプレッシャーがかかっていた。

「一パーセントの金利で借りてこい」

大島は自身でトップ交渉を行うわけでもないのに、無茶な要求を課して社内で部下を怒鳴り散らすばかりだった。そうしたなか、金融機関への訪問を繰り返した後藤らが最終的に辿り着いたのが日本振興銀行だった。

他方、執行役会でのクーデターが鎮圧され、金融庁との対決姿勢を深めつつも、その検査を無難な結果でやりすごしていた日本振興銀行では、融資企画室が経営の中枢を握るようになっていた。木村からの信頼が厚い関本は、四つ年下で水戸信用金庫から転職してきた佐藤とコンビを組んで債権買い取りビジネスを押し進めていた。そんななか、業界大手であるSFCGとの取引は残高を積み上げるまたとない好機といえた。

関本らがSFCGに提示したローン債権の買い取りスキームは前に「三和ファイナンス」で見たものと基本的には同じである。SFCGから見れば、ローン債権を差し出すことで資金調達を行うことになる。

たとえば、二〇〇八年十月八日付で日本振興銀行とSFCGが取り交わした契約書によると、ローン債権の譲渡額は約一〇〇億円で、それに対して振興銀は二・四五パーセントの買い取り手数料を徴収していた。実際には約一〇〇億円から手数料約二億四四〇〇万円を差し引いた額を、振興銀はSFCGに振り込むわけである。決算上、振興銀は手数料を役務収益として利益計上し、買い取ったローン債権は貸出金として資産に計上した。一方のSFCGは借入金として処理していた。

買い取りスキームはその都度、多少の違いがあったようだが、基本的に譲渡価額は簿価であり、それらローン債権にはSFCGによる連帯保証が付くものとされた。そして、借り手からの元利金の回収についてはSFCGが引き続き行った。SFCGは月に一度、それを振興銀に引き渡すのである。これは借り入れに対する一部返済と同じ行為だ。SFCGが留保する保証料は回収利息のうち金利四パーセント分に相当する額だったようだ。

さらに次の点が重要だった。大半のローン債権譲渡では契約書に明示されない形で買い戻し特約が付されていたのである。実際、前述の十月八日付の譲渡では二十一日後にSFCGが買い戻しを実行している。日本振興銀行が受け取った買い取り手数料は実質的な金利に相当するから、その利率は一年間で引き直すと、四〇パーセントを超える計算だった。のちに金融庁検査によって出資法違反と指摘されるように、振興銀が手がけていたビジネスは銀行にはあるまじき実に危うい代物といえた。

ＳＦＣＧからすれば、日本振興銀行との取引は決して条件のよいものではない。実際、取引開始以降もＳＦＣＧは複数の資金調達チャネルを確保すべく動いていた。海外市場での調達を模索して、二〇〇八年三月に何とか三〇〇億円の転換社債発行にこぎ着けたことは先述したとおりだ。その後、直接金融の道が閉ざされると、こんどは優良資産の資金化を急いだ。同じく三月、大正製薬によるＴＯＢ（株式公開買い付け）に応じる形でビオフェルミン製薬株を売却し、続けて六月にはキッコーマンに対して理研ビタミン株を売り払っている。これらでＳＦＣＧは四三六億円の資金調達に成功した。

それでも資金を回していくには足りない。さらにＳＦＣＧが目論んだのは不動産担保ローン債権の流動化だった。

商工ローン事業に見切りをつけた大島は二〇〇六年頃から不動産分野へと大きく舵を切っていた。大島がその責任者として抜擢したのは、後藤と同じく山一證券からの転職組で優秀な成績を上げていた佐久間涼だった。ＳＦＣＧの元役員によると、「（大島は佐久間に対し）不動産の目利きをマンツーマンで教えた」ほどの入れ込みようだったという。一族の砦といえる「大島商事」を始め、ファミリービジネスで不動産を少なからず扱っていたことが、その分野における大島の自信の根底にはあったようだ。

佐久間率いる不動産部隊は確かにローン残高を見る間に積み上げていった。二〇〇七年七月期にはその残高が三五九〇億円に達し、商工ローンのそれを上回るまでになっている。ところが、不動産市況が悪化し、菊池らがあらためてその中身を精査したところ、大島の期待は大きく裏切られていたことが明らかになる。

「ボロボロの中身だった。調べてみたら熱海の崖だったり、違う先に貸したものでも辿っていくと実際には一社だけに貸したものだったりした。物件の価値が融資の半値とか二割なら回収できるけど、一割とかじゃ、どうしようもない」

前出の元役員は呆れ顔でそう語る。

劣悪な中身にもかかわらず、大島は不動産担保ローン債権の流動化を菊池らに指示した。二〇〇八年八月半ば、菊池はコンサルティング会社に相談し、オリックスや米国系ファンド会社のエートスジャパンを紹介され、交渉にあたった。さらに米国系投資銀行のゴールドマン・サックスやハゲタカファンドの代表格であるローンスターにもかけ合っている。しかし、先方から色よい返事はなく、金額を提示されたとしてもせいぜいが簿価の一五パーセント程度だった。売ろうにも売れない評価額である。

他方で資金の蛇口は締められていった。SFCGは不動産担保ローン事業の資金調達を米国系投資銀行のメリルリンチとの証券化プログラムによって主に賄っていた。共同組成したSPC（特別目的会社）にリボルビング方式でローン債権を譲渡して、上限枠に相当する資金を安定的に調達する仕組みだった。ところが、こちらでも不良物件が混在していることが問題になり始めていた。

SPCにバックファイナンスを付けることを打診された国内金融機関の関係者はそれを裏付けるような証言をする。

「（ローンの借り手である）第三債務者に入っていた先はほとんど死んだ会社ばかり。二割はとんでもない先だった。『反社』（反社会的勢力）と思われるようなのも混じってた。そんな融資、断りましたよ」

もともとSFCGの不動産担保ローンの貸付先には一般金融機関が敬遠するラブホテル業者が多かった。新興不動産会社「セボン」が秘かに子会社として設立していた「バニラ」は短期間のうちに全国で二十軒近くのラブホテルを買い漁ったが、その有力な資金源がSFCGだった。菊池が不動産担保ローンの現金化に動き始めた二〇〇八年八月、セボン、バニラの両社はあえなく倒産している。

三井住友銀行を舞台とする融資詐欺がのちに事件化した不動産会社「コシ・トラスト」もSFCGの大口与信先だった。また、静岡県熱海市の「岡本ホテル」が会員権名目で中高年者から多額の出資金を違法に集めていた疑惑で登場する東京・西麻布の不動産会社にもSFCGは地上げ資金を注ぎ込んでいた。その不動産会社では京都市在住の三十代女性が社長に据えられていたが、それは山口組弘道会系暴力団幹部の関係者だった。さらに、SFCGが一〇億円以上を貸し込んだ東京・新宿の不動産会社の代表取締役がのちに競売入札妨害事件で逮捕されたとの事実もある。当局はその人物を山口組弘道会の企業舎弟とみなしていた。

ある不動産業者は佐久間について「業界でもその名前は有名だった」と振り返る。土地転がしのようなことを複数の業者とともに行っていたという。しかし、そんなことは続くはずもなく、結局は有象無象が跋扈する不動産バブルの闇の部分に食い物にされただけだったようだ。

二〇〇八年夏、メリルリンチとの証券化プログラムが瓦解し、不動産担保ローンの流動化も一向に進まないSFCGはいよいよ追い込まれる。一時難航していた日本振興銀行との交渉を八月中旬に再び軌道に乗せたものの、月末の資金残高はわずか八億円にまで減っていた。SFCGは九月以降、向こう二カ月間の資金繰り表を提出するとの条件を呑むことで、振興銀との取引継続にこぎ着ける。一方で本業の新規貸付は全面停止し、あとは顧客に「貸し剥がしDM」を送りつけ、回収一辺倒の姿勢を露わにした。

SFCGはローン債権を次々と日本振興銀行に持ち込み、綱渡りの資金繰りを乗り切っていった。九月二十二日、十月八日、同月二十四日、同月二十九日——。それでも十月末には国税と地方税で二八億円を滞納している。事実上この時点でSFCGは支払い停止状態に陥っていたとも解釈できる。

にもかかわらず、どうにも不思議なことなのだが、大島はこの頃まで日本振興銀行との交渉を財務部の課長クラスに任せっきりにしていた。重い腰を上げて木村とのトップ会合に臨んだものの、すでにその頃の大島は会社立て直しとは百八十度異なる方向で自らの欲望を満たすことに心を奪われていた。それはのちに「資産隠し」と呼ばれるようになる。

大島が本心で何を企んでいたかを、当時の木村がすこしでも感じ取っていた可能性は、絶望的なほどに皆無だったはずである。

以前から木村は会議の場でSFCGを理想像なり目標として持ち出すことが多かった。日本振興銀行の元執行役によると、「今月の数字はＳＦＣＧを抜いた」などと、木村は事あるごとに商工ローン業界の先駆企業を意識していたという。ＳＦＣＧの強力無比な営業スタイルをそのまま手本としたかは分からないが、およそ到達不可能な目標を課す一方でペナルティ制度を導入し、信賞必罰によって職員を総動員させる木村のやり方はいかにも大島のそれと相似形だった。

出自も経歴も異なる二人だが、経営者として現場に対する苛烈な振る舞いが似通ったのは、それぞれ心中に秘するものが異なっていたにせよ、その自己実現を図ろうとした世界がある時点で重なり合い、そこがまさしく膏血を吸い上げることでしか成立し得ない金融の辺境であったことと無縁ではないのかもしれない。金融エリートの木村が構想した日本振興銀行と、金融の埒外からのし上がった大島によるＳＦＣＧとは、いつしか同質化していた。

初めての顔合わせから約一カ月後の二〇〇八年十二月、木村は大島を日本振興銀行の朝礼に招いている。促されて挨拶に立った大島の視線の先には何人ものＳＦＣＧ出身者がいた。その光景を眺めていた関係者は不思議な思いに囚われたという。その頃すでに振興銀はＳＦＣＧのほか、ＮＩＳグループやロプロ（旧日栄）など、商工ローン業者からの中途入社組が多くを占めるようになっていた。

朝礼に招いたということは、木村が当時、経営者としての大島を高く評価していた証左にほかならない。社内で部下を怒鳴り散らすばかりだった大島の実像を、木村は知らなかったのだろう。ＳＦＣＧの内情にも無防備なほど疎かったのではないか。いまや日本振興銀行はＳＦＣＧに対する生殺与奪の権を握った。目標としてきた先達者を見下ろす立場となった木村は、その時ある種の全能感に浸っていたのかもしれない。

二重譲渡

ローン債権買い取りを軸にして、日本振興銀行とSFCGとの関係は複雑に入り組んでいた。たとえば、SFCGが調達資金の一部で振興銀の劣後ローンを購入していたとの事実がある。振興銀から見れば、資金を一回りさせることで自らの自己資本をかさ上げする効果があった。本来は禁じ手である。

さらにこんな事実もある。

二〇〇八年六月、日本振興銀行の本店内に「中小企業管理機構」という新会社が登記された。中小企業振興ネットワークを構成する一社だが、同社の前身は「城東SFキャピタル」といい、以前は上野に本店登記がなされていた。かつての住所にあるのはほかでもない、大島一族が上京後にキャバレーを営み、大島商事が本拠としていた、あのビルだ。同様に、その年十月には「日本フィナンシャル・ポート」という会社が振興銀の関連ビルに現れているが、これも前身は「城南SFキャピタル」といい、もとは大島商事の関連ビルに登記されていたものだった。

おそらく中小企業振興ネットワークの拡大を急ぐ日本振興銀行のためにSFCGが休眠会社を提供したものだと思われる。当時、両者の関係はそれほど深かった。しかし、そうした裏では、金融史上類を見ないスキャンダルが静かに進行していたのである。

「カスみたいな資産しか、もう残っていなかったですよ」

元若手幹部はその頃のSFCGの内実をそう振り返る。

実際のところ、同社には現金に換えられるようなまともなローン債権は残されていなかった。それでも大島健伸による財務部へのプレッシャーは弱まるはずもない。禁断の選択はやむにやまれぬ情況に追い込まれた現場が苦し紛れに始めたものにちがいないということで、今日、関係者の見方はほぼ一致している。

のちに破産管財人がまとめた調査報告書によると、ローン債権の二重譲渡が始まったのは二〇〇八年九月頃のことだとされる。日本振興銀行との交渉がいったん暗礁に乗り上げ、その後、資金繰り表の提出を求められて管理下に置かれた時期と重なる。

前述したように、SFCGはそれ以前から信託銀行との間でローン債権の信託方式による資金調達を始めていた。日興シティ信託銀行、あおぞら信託銀行、新生信託銀行、それにドイツ系のバイエリッシュ・ヒポフェラインス銀行の四行が主な資金調達先だった。たとえば、二〇〇五年三月、SFCGは取締役会で一五〇億円の調達を目的に二三〇億円以内でローン債権を逐次譲渡するとの決議を行っている。その頃すでにローン債権の譲渡は大量に行われるようになっていた。

そのため二〇〇八年ともなると、譲渡できるような優良なローン債権はわずかしかなかった。

結局、SFCGの財務部スタッフは、すでに譲渡してしまったローン債権であることを秘して、同じ債権を日本振興銀行に対しても譲渡し始めたのである。

同じものを異なる先に同時に譲渡するという一見不可能に思えるようなことが可能だったのは、譲渡後のローン債権の元利金回収をサービシング契約によってSFCGが引き続き行う仕組みだったからだ。毎月の元利金の引き渡しさえ滞りなく行っていれば、二重譲渡が気付かれるおそれはなかった。

ローン債権の譲渡が「バルク」と称して大量にまとめて行われていたこともSFCGには好都合だった。債権譲渡では第三者への対抗要件を満たすため、東京・中野にある法務局出張所で債権譲渡登記を行う必要があり、債権の帰属をめぐってはこれが最も重要な手続きともなる。ただ、実務的には、光ディスクに書き込まれた大量の債権データを、譲り受けた側がそのまま持ち込むだけである。そこに搭載された債権一本一本について法務局が過去の登記との重複を調べたりはしない。二重譲渡はここでも気付かれるおそれがなかったのである。

一例として、SFCGがあおぞら信託銀行に対して提出した二〇〇八年十一月末を基準日とする回収状況報告書を見ると、譲渡債権残高二二一億円に対する債務者数は八千四百三十五件、口数にして一万件余りにも上っていた。そのいちいちを譲り受け側が精査することは、不可能とまでは言わないが、費用面で割に合う作業ではない。最大の注意を払うのは元利金の回収が順調に行われているかどうかだ。その報告書によれば、月間で元本回収金は一四億円強、利息回収金は四億円近くとされていた。回収利息を年率に引き直せば約二一パーセントだから、譲り受け債権が優良なもので占められているという評価は揺るぎようがない。

内情に詳しい長年の取引業者によれば、SFCGの財務部スタッフは基幹システムに格納されている債権データをエクセル様式に落として手元で保管していた。システム設計上、通常ならあり得ないことだが、そこには担保フラグが複数立つようになっていた。一本目が信託銀行なら、二本目は日本振興銀行、といった具合である。一つの債権が複数の先に担保提供されていることは一目瞭然だった。

SFCGは二重譲渡が露見しないよう毎月の元利金引き渡しを信託銀行と日本振興銀行に対して二重に行っていた。自らの首を絞めるような馬鹿げた行為だが、そうでもしなければ即座にカネ詰まりとなってしまう末期症状だったのである。

前出の元若手幹部によれば、ローン債権を二重譲渡して資金調達を行っていることは、二〇〇八年十二月から年明けにかけての時点で、大島も財務部から聞かされていたはずだという。「知っておいたほうがいいから」と言われ、その元若手幹部が打ち明けられたのは、それよりすこし前、十二月の早い段階のことだった。二重譲渡の事実を知る者は最終的に社内で十人前後には上っていたという。

のちに大島は、二重譲渡の原因がシステムトラブルにあり、自身は二月初旬になって初めて把握したとの主張を、破産管財人など関係先に対して繰り返したようだが、それは明らかに嘘である。ある時点から大島らはこの問題を軟着陸させることができると踏んだらしい。元若手幹部は「日本振興銀行も外部には知られたくないはずだから内密に和解できると考えたようだ」と当時聞いた話を打ち明ける。前出の元役員も「(信託銀行に対する)証券化と(振興銀への)譲渡とで棲み分けしてうまくやれるという考えもあった」と証言する。

大島が木村剛と顔合わせして取引の拡大を互いに確認し合い、そして、大島が二重譲渡の事実を知ったであろう時期以降も、SFCGは素知らぬ顔をしてローン債権の膨大なリストを次々と日本振興銀行に持ち込んだ。十一月十四日付でSFCGが振興銀に対して提出した資金繰り表によれば、月末には六〇億円の資金ショートが見込まれていた。

十一月二十一日　一六九億円
十二月十七日　二七九億円
十二月三十日　五〇億円
一月二十六日　一七九億円

ローン債権の譲渡契約は次々と結ばれた。金額は不明だが、十一月二十六日にも譲渡は行われている。

最終的に譲渡契約は少なくとも全部で十四回、金額が判明している十回分だけで総額は一四三二億円にも達した。

日本振興銀行が譲り受けたローン債権のほとんどは信託銀行に対して先に譲渡されていた。自己資本の数倍にも上る資産は、その実体を伴っていなかったことになる。この致命的な事実を、木村が知ることになるのは、もうすこし先のことである。

資産隠し

「こんど大島というのが来るから」

大島健伸が長男の嘉仁を自分の許に呼び寄せた際、社内ではぶっきらぼうにそうとしか告げなかったという。

一九七六年生まれの嘉仁は慶應義塾大学を卒業後、三井物産と米リーマン・ブラザーズを経て、直前は米系投資ファンド会社に勤めていた。途中までの経歴は父親と瓜二つだ。ただ、「芯は強い」と擁護する向きもあるにはあるが、関係者の多くが嘉仁に見るのは「線の細さ」である。親許を離れて六本木のマンションで暮らしていた時期もあったようだが、SFCGに呼び寄せられた頃には、松濤の豪邸に出戻っていた。

嘉仁は子会社のJファクターに入社し、直後の二〇〇八年八月五日付で同じくMAGねっとの執行役員関連事業部長に就任している。そして、カーチスやマルマンの役員も兼任し、十月三十日付でMAGねっとの社長へと昇格した。もっとも、その実態は大島の側近として指示されたことを忠実にこなす金庫番だった。大島は嘉仁のことを社内で「大島部長」と呼ばせていた。

「能力はないね。ビジネスの面で信用していたということはない。だから後継者として考えていたとは思えない。家族しか信用できる人間がいなかったということだろう」

前出の元役員は大島が長男を呼び寄せた意図をそう語る。大島が長男に求めたのは能力ではなく忠誠心だったということらしい。

ＳＦＣＧには社内で「地獄の一丁目」とも単に「一丁目」とも呼ばれる一角があった。創業の地であるトラヤビルのすぐ隣にある日本橋室町センタービルにＳＦＣＧは本社を構えていた。経営の中枢が置かれたのは八階である。そして、大島が陣取る社長室の目の前、長方形に机が十二脚並ぶシマが「一丁目」だった。

ＳＦＣＧ本社ではＭＡＧねっとやカーチス、マルマンといったグループ各社の社員も混在して机を並べていた。総帥である大島から見れば、どの会社も自分のものだから、違和感などなかったのだろう。

二〇〇八年十月三十一日、ＳＦＣＧは本社の座席レイアウトを大幅に変更している。作業開始はその日の午後六時とされた。ただし、総務部が社員に宛てた電子メールにはこんな注意書きがあった。

「社長の外出後に開始する事。外出前は絶対に異動禁止」

社員は座席移動に際しても、大島の機嫌を損ねないよう気を遣わねばならなかった。

さて、その改訂版座席レイアウト表を見ると、その頃の大島が誰を信用していたかが手に取るように分かり、実に興味深い。

「大島部長」こと嘉仁の席は「一丁目」の中央、社長室に最も近い場所にあった。そこから時計回りに見ていくと、すぐ左隣がＩＲ担当の吉池仁、財務部課長で日本振興銀行との交渉窓口だった西山雷太、杉山敏之、谷垣健一郎と続き、さらにカーチス取締役の大村安孝、同じく副社長でSFCGの取締役も兼務するようになっていた山村友幸の席があった。さらに一つ空席を挟んで秘書の二人が並び、その隣は守川一孝、そしてぐるっと回ってきての最後、嘉仁の右隣には最古参の幹部である菊池渡の席があった。

レイアウト表で「一丁目」は「C1」と表記されているが、その隣の「C2」のうち社長室に近い場所にはMAGねっと経理部長の吉田智大の席があり、同様に「B1」には財務部長の後藤信義、また「D1」には不動産部隊を率いる佐久間涼の席があった。一方でのちに最後の社長へと祭り上げられることとなる古参幹部の小笠原充は別フロアの十一階に席が置かれていた。

最後、大島が近くに侍らせていたのは、菊池を除けば、親子ほど年の離れた若手ばかりだったことに気付かされる。多くは三十代、吉田に至ってはまだ二十九歳だった。早朝から深夜まで激務を課されるSFCGでは中途退職者が続出し、中堅層を担うべき四十代から上の世代がほとんどいなかった。一方で年収五〇〇〇万円までは比較的短期間で昇給するため、若手はそれなりのやりがいを持って激務に耐えていた。

大島が信用を置いた人間のなかでも興味深いのが吉池の存在である。地方民放局や三菱商事を経て吉池がSFCGに入ったのは二〇〇六年四月のことだ。大島自らがヘッドハントした吉池はすぐ役員に取り立てられた。ところが、直後に三菱商事時代の不祥事が発覚し、有印私文書偽造で警視庁に逮捕されてしまう。普通ならここで解雇してもおかしくないところだが、大島は違った。一年後に執行猶予判決が確定すると、再び重用し、最後は個人秘書のような存在として可愛がった。

社長室と至近距離のシマに「地獄」との修飾語があてられたのは、何かと大島から声がかかることが多かったためだ。大島は幹部を呼び入れては無理難題を与えた。その場には菊池が同席することが多かったという。そうしたなか、大島は長男の嘉仁に対してある密命を与える。嘉仁は直属の部下である吉田とともに特命事項担当として具体的な作業を実行に移していった。それこそが一連の資産隠しだった。

SFCG破綻後に破産管財人が解明したところによると、社内で資産隠しが始まったのは二〇〇八年十一月頃だとされる。大島が木村剛と初めて会った時期とほぼ重なる。

前に見たように、大島には自在に操れるファミリー企業が数多くあった。タックスヘイブン（租税回避地）のペーパーカンパニーなどを株主に据え、見かけ上は資本関係を遮断していたが、実質的にそれらは大島の意のままに動かすことができた。最後、SFCGには「カスみたいな資産」しか残っていなかったが、それでも大島は、わずかな現預金やありとあらゆる資産を、それらファミリー企業に移していった。

現預金の「吸引装置」に使われたのはやはり松濤の豪邸だ。大島が自宅として使っていた「松濤ゲストハウス」は個人会社の「ブルーバード」が、併設の空手道場「松濤館」は同様に「ケン・エステート」が、それぞれ所有していた。先に触れたように、大島はそれを社宅といった名目の下、二〇〇〇年一月から十年契約により月額一五二五万円でSFCGに賃借させていた。大島は突如、その賃借料を大幅に引き上げることを指示する。

ＳＦＣＧでは各部署から上げられる稟議書を起案順に記載して管理する整理簿を作成していた。受付番号「10―53」の項に「松涛ゲストハウス・松涛館賃料改定の件」が記載されたのは、その年十月二十八日のことである。起案者は総務部員の上原悟郎だとされる。この稟議書は当然ながらすんなりと決裁された。そして、ＳＦＣＧから大島の個人会社に流れるカネは月額三一五〇万円へと二倍に引き上げられたのである。

しかも、この時の賃料改定は稟議書起案より前の十月分から実施された。これと辻褄が合うよう、作成された契約書には一カ月以上も遡った九月十九日の日付が入れられた。書類のバックデートは大島の常套手段である。同じ時期、大島が受け取る月額報酬も二〇〇〇万円から九七〇〇万円へと大きく引き上げられたが、やはりこれも八月分から遡って実施されていた。

「倒産隔離プロジェクト」――

社内で秘かにそう呼ばれた作業が始められたのも、やはりその頃だった。

のちにＳＦＣＧの不動産部員が破産管財人に明かしたところによると、プロジェクトの一環として、不動産担保ローンのうち証券化プログラムに拠出していない債権の抽出作業が始められたのは十一月八日のことだったという。三日後、経理部長の竹下俊弘がその作業をとりまとめている。抽出されたローン債権は「不動産未調達債権」との社内用語が付けられ、その額は四四〇億円に上っていた。切り出した目的はそれら手つかずの資産を大島のファミリー企業に移すことにあった。

十一月十四日、ＳＦＣＧは「ＩＯＭＡ ＢＯＮＤ ＩＮＶＥＳＴＭＥＮＴ」なる都内の会社に対して不動産担保ローン債権九一億円を譲渡する。ラブホテル会社「バニラ」が仙台市内の物件を買収する際に貸した七億円などがそこには含まれていた。契約書上、その譲渡価額は簿価の十分の一に満たない九億円とされた。ただし、これも契約書の日付は大幅に遡り、九月二十六日付とされた。後日なされた破産管財人の主張によれば、譲渡代金九億円の入金は確認されていない。

ローン債権を買い取ったとされるＩＯＭＡ ＢＯＮＤ ＩＮＶＥＳＴＭＥＮＴはＪＲ鶯谷駅近くの「ワールド会館」に登記された会社だった。代表取締役に据えられた星野英男は大阪市内でゴルフ会員権販売などを手がける人物だったが、肝心なのは大島の義弟という点だ。そして、同社の母体こそが、前に触れた「ＩＯＭＡ ＲＥＡＬ ＥＳＴＡＴＥ」、つまりはかつての大島商事だったのである。その昔、絢爛豪華な劇場型キャバレーを擁し、その後、ダンスホールへと改装されたワールド会館も同社の所有物件である。

伯父が中心となって築き上げられた旧大島商事の実権を大島が握り、イギリス領のマン島に源流を持つオランダ法人が突然、筆頭株主となったことは前に詳述した。社名に冠せられた「ＩＯＭＡ」は源流企業であるマン島の金融会社の略称でもある。世界中の富裕層に向けて節税目的などの高度な金融商品を販売する件の金融会社と大島との間でどのような取り決めがなされているかはつまびらかでないが、いずれにせよ、その後も旧大島商事は事実上、大島の支配下に置かれていた。

ペーパーカンパニーにかける大島の偏執的コレクターぶりは相変わらずだった。「アセット・オールマイティー」や「ボスアンドアイ」、「オズ」など、大島は旧大島商事の周辺で新会社をいくつも設立しては、それらの間で分割・合併を繰り返し、社名も頻繁に変えていた。そうしたなか、旧大島商事は二〇〇七年一月にIOMA REAL ESTATEへと商号変更し、一年後にIOMA BOND INVESTMENTがその子会社として設立されていた。続けて、二〇〇八年十二月には「白虎」なる合同会社も設立された。

これらは「IOMAグループ」と総称されたが、その管理はSFCGの社員によって行われていた。例の座席レイアウト表に従うなら、「B2」ブロックがIOMAグループのシマである。

もっとも、元若手幹部によると、大島は当初、ファミリー企業の資産を移動させることにかなり神経質だったという。

「恣意的に使うと、大島さんの会社だとばれて税金の問題が発生してしまうでしょ。税金払うの大嫌いですから」

元若手幹部はそう解説してみせる。

しかし、SFCGの資金繰りが末期症状に陥ると、大島はなりふり構わずIOMAグループを利用し始めた。

そのすこし前からSFCGグループと大島のファミリー企業との間では不自然な資金移動が頻繁に行われていた。例えば、九月四日には「ケン・エンタープライズ」から三八億円がSFCGに送金され、さらに子会社の「東京SFキャピタル」へと転送され、その日のうちに現金で引き出されていた。同じ日、「IOMAフィナンシャルサービス」名義の口座に突然、三八億円が現金で入金され、即座にIOMA REAL ESTATEへと送金され、最後はSFCGに転送されている。

こうした複雑な資金移動に紛れ込ませるようにして、ＳＦＣＧの資産はＩＯＭＡグループへと移され始めた。その手始めがＩＯＭＡ ＢＯＮＤ ＩＮＶＥＳＴＭＥＮＴ（ＩＢＩ）への不動産担保ローン債権の移し替えだったというわけである。

動きは次第にエスカレートしていく。

ＳＦＣＧには代物弁済によって所有することとなった不動産がいくつかあった。大島はそれも移し替えるため、部下に指示して「ＩＢＩへの売却金額決定ルール」なる基準を作らせた。それによると、たとえば、首都圏の収益物件では還元利回りが年率二割になるよう売却価額を決定することが求められた。つまり、ＩＢＩが譲り受けた物件が高収益を確保できるよう、割安な価額での移し替えを、大島は画策したわけである。この身勝手なルールに沿って十二月二十六日付で十四の物件が移し替えられている。やはり、その後に売買代金の授受は確認されていない。

その同じ日付で、嘉仁の直属の部下であるＭＡＧねっと経理部長の吉田が作成した「ご了解頂きたい事項」と題する内部文書が残されている。「賃借の整理と資産の譲渡について」との副題が付けられたそれには七項目にわたり資産売却の案件が書き出されていた。手がかりとなる社内文書が輻輳しているため、そのうちのどこまでが実行に移されたかは判然としないが、その四番目にはこう記されていた。

「ＳＦＣＧ不動産担保ローン（おまとめ・未調達甲／売却／競売）：４１８・５億を１３０・６億で白虎に売却」

大島は合同会社を表す略語をとって「ＧＫプロジェクト」と名付けた作業を嘉仁と吉田に命じ

ていた。白虎を資産の最終逃避先にしようと目論んでいたのである。

実際、設立されたばかりの白虎はその日、SFCGからローン債権を譲り受けたとする登記を法務局において行っている。ただし、その額は五七九億円とされていた。吉田が作成した文書の額とは必ずしも一致しない。おそらく資産の移し替えは相当の混乱下で行われた。そのため、この時点では書類間の不整合が少なからずあった可能性が高い。

さらに大島の強引な秘密工作がその後も不整合を拡大させた。

「バイケイ」との隠語で呼ばれた作業が始められたのは、やはり十一月頃のことだった。担保不動産に付けた抵当権を外すかわりに、債務者に対して物件の売却を強要する――それが「バイケイ」だった。SFCGが借り手に対して指定する売却先の多くはIOMAグループだ。当然、大島にとって都合のいい取引となるように売却価額は低く抑えられた。この実務を任されていたのは、創業期を支えた「大卒四人組」の一人で、退社後に都内で不動産業を営んでいた久保井寛一だった。大島は「バイケイ」のため久保井を呼び戻し、社内に席も与えていた。

東京・成城や大阪・十三など大都市圏を始め、仙台や鹿児島といった地方の物件まで、担保不動産は次々とIOMAグループに移されていった。「バイケイ」の対象債権にはすでに十二月二十六日付で白虎に対して譲渡登記がなされたものまで含まれていた。SFCGは登記上、すでに手元にないはずのローン債権の抵当権を外し、担保不動産を強制的に売却したわけである。となると、先の譲渡登記との整合性はここでも失われる。

そこで大島はどうしたか。前の登記を一切無視して、契約書類をつくりなおし、平然とした顔で法務局に行き、再度の登記を行ったのである。登記制度の盲点を衝く手口は、日本振興銀行を騙して二重譲渡を行っていたのと似た構図である。再度の登記がなされたのは、年が明けた二月十九日のことだった。

その日、法務局ではＳＦＣＧがＩＯＭＡ ＲＥＡＬ ＥＳＴＡＴＥ（ＩＲＥ）などＩＯＭＡグループ三社に対して計四七七億円のローン債権を譲渡したとする登記がなされている。さらにＩＲＥがそれを白虎に再譲渡したとの登記も同時になされた。契約書に入れられた日付は前年十一月一日と十二月八日で、以前の登記よりも大幅にバックデートされていた。契約書において九五億円とされたＩＯＭＡグループ三社への譲渡代金がその後にＳＦＣＧへと入金された形跡もまた確認されていない。

「動きがおかしいなと思ったのは二〇〇八年十二月頃からだったね。ただ、大島さんは私財一〇〇億円をＳＦＣＧに突っ込んでいた。担保保全だから仕方ないなとは思っていたけど、やりすぎだったね」

前出の元役員はそう話す。

資産隠しによって大島が目論んだのは明らかに計画倒産だった。そうしたなか、新たに家賃保証事業に軸足を移そうとしていたＭＡＧねっとには「方舟」の役割が与えられた。金目のものをＳＦＣＧから疎開させ、大島は自らの居残りが許される民事再生手続きによって負債だけを体よく整理しようとしたのだろう。まちがいなく、そこで大きな損害を被るのは、もう一方のワンマン経営者が率いる日本振興銀行だった。

決裂

元役員によると、木村剛が血相を変えてSFCG本社に大島健伸を訪ねてきたのは二〇〇九年二月十日か十一日のことだったという。木村がその場で抗議したのは、日本振興銀行が担保に取っていた不動産をめぐって大島側が不穏な動きを見せていたことだった。事前の相談もなく勝手に所有権の移転登記がなされていたのである。

SFCGからのローン債権買い取りを続けていた日本振興銀行だが、その条件については時とともに対応を厳しくしていた。買い取り手数料は前年十一月の契約で三・五パーセントにまで引き上げていたし、さらに追加の担保も要求するようになっていた。振興銀とSFCGとの契約は形式上あくまでローン債権の売買だから、本来ならそこに担保という概念など入り込む余地はない。しかし、実態はローン債権を担保にした融資だ。振興銀は金融取引の常識などかなぐり捨て、構うことなく追加担保を要求していた。

そうしたなか、日本振興銀行はSFCG側と極度額二八億円の根抵当権設定契約を結んでいた。SFCG側がそこで追加担保として差し出したのは、「ケン・エンタープライズ」など大島のファミリー企業三社が都内に持つ不動産だった。ワールド会館隣の雑居ビルや南大井と芝二丁目のマンション、それにＳＦＣＧの関連会社が入る日本橋堀留町のビルと、差し出されたのは全部で五つの物件だった。

その担保物件をめぐる不動産登記が目まぐるしく変転を始めたのは、木村がＳＦＣＧに怒鳴り込む一週間ほど前のことである。二月四日、ＩＯＭＡ ＢＯＮＤ ＩＮＶＥＳＴＭＥＮＴへと売却される契約が結ばれたとして所有権移転の仮登記が突如なされたのだ。おまけに前年十月末に設定されたとする極度額六三億円という多額の根抵当権まで仮登記されており、日本振興銀行にとってはいずれも寝耳に水の話だった。

債権者を激怒させるような移転登記を、なぜ大島は行ったのか。当時の木村にしてもそこが知りたい点の一つだったろう。

大島はＳＦＣＧの資産を次々とファミリー企業に移し替えていたが、その際に誤って問題の移転登記が行われた可能性はある。ただ、不動産登記簿をじっくり眺めていると、より真実らしい仮説が浮かんでくる。問題の仮登記がなされる直前、登記簿上に東京国税局の名前が出現しているのである。どうやら大島は前年に納めるべき所得税を支払っていなかったらしい。その額は約一九億円にも上った。そこで国税局は不動産に抵当権を設定し、一部で差押登記まで打っていたのである。税金のかたに取られないよう、慌てふためいて不動産を逃避させたというのは、税金嫌いの大島にはありそうな話である。

元役員によれば、真相がいずれであったにせよ、この担保不動産をめぐるトラブルを機に、木村と大島、つまりは日本振興銀行とＳＦＣＧとの関係は決定的に悪化したという。

　実はこの間、日本振興銀行とSFCGとの間では経営立て直しに向けたスポンサー探しが模索されていた。振興銀による管理の下、大島が引き続きSFCGの経営にあたり、スポンサーの側面支援を仰ぐというのが描かれた構図だった。実際、SFCGはドイツ証券をフィナンシャル・アドバイザーに立て、振興銀は独自ルートを頼りに、それぞれが支援企業を探したという。しかし、その可能性は関係悪化で潰えた。

　日本振興銀行はSFCGとの取引から撤退すべく、担保の保全に走った。

　直前の一月二十六日付でなされたローン債権の譲渡契約において、振興銀はSFCGグループが持つ上場企業株式を大量に担保として差し出させていた。日本管財、大田花き、ミヤコ、佐藤食品工業と、時価で二〇〇億円近いそれら四社の株式は、SFCGが三月末でローン債権を買い戻すことを約束したのと引き換えに担保とされた。さらにそれ以前から振興銀はマルマンとカーチスの株式も担保として押さえていた。

　木村と大島の関係が悪化して一週間が経った二月十八日、日本振興銀行はSFCGに対して一方的にそれら担保権の実行を通告した。

「株式会社SFCGが当行に対して負担した保証債務につき、株式会社SFCGから支払いがありませんので、担保権の実行として下記の株式を売却致します」

　通知書にはそう書かれていたが、実際のところSFCG側がその時点で債務弁済を怠っていたと認めるだけの事実があったとは考えにくい。そもそも、SFCGによるローン債権の買い戻しは裏契約であり、必要事項が整えられた契約書が取り交わされていなかった可能性すらある。

ＳＦＣＧの保有株を担保に取るための契約書も同様である。

通知から二日後の二月二十日、およそ銀行としては考えられない強引なやり方で、日本振興銀行は上場企業六社の株式を名義変更し、それらを自らの傘下に収めた。通常、担保権の実行には債権債務を清算しなければならないが、振興銀はその手続きさえも取らなかった。

同じ日の午後、木村と大島が日本振興銀行の本店の一室で怒鳴り合っていたとの証言がある。ＮＩＳグループの幹部が木村に要件があって赴いたところ、アポイントの時間になっても会えずじまいで、かわりに部屋のなかから二人がやり合う怒声が聞こえてきたのだという。同様の一件については翌日の二月二十一日だったはずとの証言もある。もっとも、前出の元役員はそれら二つの説ともがまちがいだと断言する。木村が大島に対して抗議をするためＳＦＣＧに乗り込んできたあの日が、二人が会った最後だという。

どの説が正しいにせよ、二月上旬の時点で木村と大島との関係が決裂したことは確かだ。前年十一月に二人が初めて顔を合わせて蜜月関係を築いてから袂を分かつまでには三カ月ほどの時間しか過ぎていない。木村と大島の人生はほんの一瞬だけ交錯し、そして、激しい化学反応を引き起こした。この後、それぞれの人生は異なる方角へと不規則な軌道を描き、落下していく。目を背けたくなるような自我を剥き出しにして、最後、二人は奈落の底へと堕ちていくのである。

第8章 狂気と執着と

SFCG破綻

破産管財人団が早い時期に関係者からのヒアリングを基に作成した「SFCG当事者関連年表」という資料が存在する。それによると、二〇〇九年二月十六日月曜日、SFCG社内では社員に対し電子メールを消去するようにとの指令が下ったのだという。週明け早々、不穏な動きが始まろうとしていた。大島健伸と木村剛が担保不動産のトラブルを機に決裂してから五日ほどあとのことだ。

年表をなぞっていくと、二日後の水曜日、大島は東京青山・青木・狛法律事務所の所属弁護士、阿部信一郎に民事再生法の適用申請を相談するため電話連絡をとっている。その時、阿部は北海道に滞在中だった。

翌木曜日の項には「ＡＤＲ相談の相談に同行」とも記述されている。大島は当初、民事再生手続きだけでなく、事業再生ＡＤＲ（裁判外紛争解決手続き）も模索していた。

ＡＤＲは裁判以外の方法で紛争を迅速に解決する手段として、海外を手本に日本でも導入が進んでいた。事業再生の分野では前年十月末に事業再生実務家協会が紛争解決機関としての認証を国から受けており、会社更生や民事再生といった法的整理とは異なる債務整理の新しい手法として注目を集めていた。「倒産」というマイナスイメージを回避でき、上場維持の可能性も残されるという、経営者にとっては願ったりの手法だった。ただし、ＳＦＣＧが相談したとされる時点では、申請案件はまだ一つもなかった。

二十日金曜日。この日、ＳＦＣＧは午前九時から本社八階の会議室で臨時株主総会を開いている。創業期を支えた「大卒四人組」の一人である古参幹部の小笠原充ら二人を取締役に追加選任する議案などを可決すると、株主総会はわずか四十七分で終了した。すると、続く十時から開かれた取締役会において、大島は突如、社長職を降り、代表権まで返上してしまう。後任社長に据えられたのは取締役になったばかりの小笠原だった。

例の年表によると、ＳＦＣＧが弁護士の阿部との間で正式に委任契約を結んだのは同じ日のことである。結局、事業再生ＡＤＲは選ばれず、週末にかけ、民事再生法の適用申請に向けた突貫作業が始まった。株価に影響が及ぶことを避けるため、週明けに株式市場が開く午前九時前が申請のターゲットとして設定された。

迎えた二月二十三日月曜日は未明から小雨が降り続いていた。まだ暗い早朝の午前六時半、

SFCGは取締役会を開催する。出席した取締役八人、監査役一人のうち、福岡駐在の取締役一人は電話会議システムを使っての参加だった。監査役三人は同席しなかった。

議長を務める小笠原は電話会議システムの具合を確かめると、議案の審議に入った。資金繰りが逼迫していることや過大な債務の整理を行う必要があるといった型どおりの説明が終わると、その日唯一の議案である民事再生手続き開始申し立ての議案が諮られた。全員一致でそれが可決され、取締役会の閉会が宣言されたのは、六時五十分のことである。

この時、大島がどんな表情を浮かべていたのかは、極めて簡潔に事実経過を記録しただけの取締役会議事録をどう分析しようと、手がかりは得られない。小笠原が捺した代表印に続く大島の押印は、ほかの取締役と同じくどこにでもある認め印にしか見えず、それまでの絶対権力者ぶりが意図的に消されているようにすら勘ぐりたくなる。

取締役会決議から十分後の午前七時、東京地裁民事二十部の書記官室で代理人弁護士は保全命令の正本と謄本五十通を受け取った。

「平成二十一年（再）第五十四号」

それがSFCGの経営破綻を公に示す事件番号だった。

元役員によると、大島らSFCGの上層部が民事再生手続きを念頭に置き始めたのは一月のことだったという。社内では秘かに「Xプロジェクト」と呼ばれていた。その頃はまだ日本振興銀行との関係は蜜月状態にあり、互いのルートでスポンサー探しも行っていた時期にあたる。しかし、大島と木村との仲が決裂した時点で流れは民事再生手続きに大きく傾いた。SFCGとしては二重譲渡の問題も民事再生手続きのなかでうまく解決できるとの読みがあった。結局、最後はわずか十日余りで法的整理になだれ込んだことになる。

そのどさくさに紛れて大島は資産隠しの総仕上げを行っていた。法務局への供託金や関係会社株式、それにゴルフ会員権やホテルの施設利用権といった細かな資産をかき集めて担保契約をでっち上げていたが、SFCGの民事再生法申請と同時に、「方舟」であるMAGねっとがその契約を拠り所に担保権を実行して残余資産を根こそぎさらっていった。裁判所に選任された監督委員が入った時、SFCGはすでにもぬけの殻も同然だった。

大胆不敵なことに、裁判所の監督下に移ったすぐあと、大島は資産隠しの痕跡を消し去るため、隠蔽工作を始めている。

三月九日、大島の長男、嘉仁は総務部の上原悟郎から稟議書整理簿を電子メールの添付ファイルにより受け取った。総務部は各部署から上がってくる稟議書を管理するため整理簿を作成していた。もともとそれは手書きで作成されていたが、嘉仁は総務部に命じてエクセルデータに打ち直させていた。目的は内容を改竄するためである。

資産移し替えのほとんどは、それを正当なものと仮装するためにつくられた契約書の日付がバックデートされていた。破綻間際に行われた資産移し替えは、債権者間の公平を損なう行為として、監督委員によって否認されるおそれがある。バックデートはそれを避けるために行われたとみられる。だが、稟議書整理簿上には資産移し替えの実行日が痕跡として残っていた。そこでバックデートされた契約書の日付と辻褄を合わせる必要があった。

その日のうちに嘉仁は改竄した稟議書整理簿を上原に返信している。たとえば、受付番号「12―65」にあった十二月二十六日付の「白虎に対する賃借の整理と資産の譲渡について」という項目は、当初のものでは抹消のため横線が引かれた状態だったが、嘉仁が返信したものでは項目ごと削除されていた。また、「1―42」にあった一月二十三日付の「本社8階間仕切工事費用の件」との項目は「MAGねっと・JF・JSへ担保提供する件」に書き換えられた。改竄後の整理簿では十一月以降の稟議書について十数項目が削除されるか内容の書き換えが行われていた。

しかし、直後にそれでは不十分との判断が社内のどこかで下ったらしい。二日後、嘉仁の直属の部下であるMAGねっと経理部長の吉田智大は上原に対して再度、内容を改竄した稟議書整理簿を送信している。電子メールの冒頭にはこう書かれていた。

「嘉仁社長と私が精査して統合したものです。これをベースに更新して下さい。今後は日付のおかしなもののなきよう、採番時に申請日を確認するよう教育・徹底をお願いします」

添付されていた稟議書整理簿は当初のものが原型をとどめないほど変わり果てていた。たとえば、先述した「松濤ゲストハウス」と「松濤館」にまつわる賃料改定の件は起案日が十月二十八日から九月二十二日へと変えられ、同様に「IBIに不動産担保ローン債権を譲渡する件」は十二月十一日から九月二十九日へ、「IREに対する資産の譲渡について」は二月十九日から十一月四日へと日付が大幅に遡及されていた。

改竄作業にあたっては、起案順に割り振られていた受付番号が邪魔になる。起案日をバックデートするには、受付番号も辻褄が合うようにしなければならない。邪魔になる稟議書はその存在自体が消されていった。たとえば、改竄後の松濤ゲストハウスの賃料改定に関する稟議書は「9—20」の受付番号が新たに割り振られたが、そこにはもともと「2008年度アナリスト説明会開催について」との稟議書名が記載されていた。改竄によりその稟議書はなかったものとして削除されている。最終的な稟議書整理簿のリストは当初に比べて大幅に短くなっていた。

ひょっとしたら、その頃の大島は完全に行為をやり遂げたという一種の充実感に浸っていたのかもしれない。ファミリー企業への資産の移し替えは契約書類も整っていたし、それなりに言い張れる資金移動も伴っていた。そして、総仕上げとして稟議書整理簿の記載も辻褄が合うように改竄した。タックスヘイブン（租税回避地）にペーパーカンパニー群を設立して課税回避スキームを構築した十年ほど前の行為と似ていなくもない。

しかし、辻褄合わせというのは行為に及んだ当事者の熱意に比べると案外簡単に露見するものである。かつて課税回避スキームは国税当局によって見破られた。そして、今回、大島にとって誤算となったのは、裁判所の選任により乗り込んできた大物倒産弁護士の存在だった。監督委員に就任した瀬戸英雄によって、社内文書のでたらめぶりはすぐに明らかとなった。軟着陸を目論んだ二重譲渡の問題についても、民事再生手続きのなかで日本振興銀行と信託銀行とを和解に持って行くことは適当でないとの判断が下される。

大島が画策したすべてはもろくも崩れ去る。瀬戸はＳＦＣＧの再生手続きを廃止すると、元凶である大島の排除に動いた。四月二十一日、東京地裁はSFCGの破産手続き開始を決定する。虚飾は剥がれ落ち、三十年にわたって築き上げた帝国は音を立てて崩れ始めた——。

飛ばし

SFCGの破綻により、日本振興銀行は二重譲渡の問題を初めて知るところとなった。三月十九日の時点で日本振興銀行にはSFCGから買い取ったローン債権が一〇二四億円も積み上がっていた。破産管財人が会見で明らかにしていた二重譲渡債権の額は七〇〇億円という途方もないものだった。自己資本の三倍を優に超す買い取り債権が保証人の破産により振興銀に重くのしかかり、同じく二倍に相当する債権が実体を伴っていないおそれがあったのである。

この驚愕の事実を前に日本振興銀行、とりわけ債権買い取りビジネスを押し進めた木村剛や関本信洋ら経営の中枢は激しく動揺したにちがいない。そこで、木村らはどうしたか。選んだ道は、ひたすら虚勢を張り続けることだった。

「二重譲渡があったという事実は確認されておりません」

「SFCGから当行が購入した貸出債権に関する限り、当行以外の金融機関との二重譲渡はないという認識を持っております」

そんなプレスリリースを、日本振興銀行は臆面もなく矢継ぎ早に発表して事態の沈静化を図ろうとした。だが、ほどなくして、彼らの目の前に突き出された現実の数字は絶望的なものであった。

ＳＦＣＧの破産が決まった翌日の四月二十二日、破産管財人は日本振興銀行と信託銀行四行の関係者を集めて、二重譲渡債権に関するデータを手渡している。二重譲渡問題を破産手続きから切り離し、あとは当事者同士による解決に委ねようというのが管財人の立場だった。

手渡されたデータによると、対象債権全二万三千二百六十五件のうち信託四行に対して先に譲渡されていたものが、実に二万二千百九十四件を占めていた。つまり九五パーセントものローン債権が信託銀行に帰属していることが、この時点で明らかだったのである。日本振興銀行から見れば、巨費を投じて買い取ったはずのローン債権のほとんどがカラ手形ならぬカラ債権だったことになる。

水面下で始められた日本振興銀行と信託四行との交渉において、当初、振興銀は和解の道を探ったようだ。振興銀の代理人弁護士が信託四行のそれに送った七月十四日付の通知文にはこう書かれていた。

「お話し合いには前向きに応じる準備があります。（中略）今後は貴行らとの間で、これらの調査方法を含めた解決に向けての話し合いの機会を持ちたく存じますので、貴行らに対し、当行との間での交渉を開始して頂くよう申し入れいたします」

しかし、債権譲渡登記の先後関係で圧倒的に有利な立場にあった信託四行は和解の申し入れを拒み、シロクロはっきりさせることを望んだ。

信託銀行側の拒絶姿勢の背景には日本振興銀行の傍若無人な振る舞いに対する不信感もあったとみられる。実は和解申し入れの裏で振興銀は買い取ったローン債権の借り手に対して債権譲渡通知を大量に郵送していた。そして、自らが指定する口座に毎月の元利金を振り込むよう要請していたのである。

経営破綻を境に、SFCGによるサービサー業務は一月分を最後に途切れていた。回収した元利金の引き渡しが信託銀行側に対して最後に行われたのは一月二十六日だったが、その原資はローン債権譲渡によって日本振興銀行から振り込まれた資金だった。その日、三井住友銀行東京中央支店のSFCG口座には買取手数料を除いた一七三億円が振り込まれ、そのうち七五億円が信託銀行への元利金として即座に振り替えられていた。

自らが回収に乗り出した日本振興銀行は正当性を証拠立てようと思ったのか、ローン債権の「現物」を押さえにかかっていた。SFCGは金銭消費貸借契約書などの書面を民間業者の倉庫に保管していた。その量は膨大で、毎月の保管料が三〇〇〇万円にも上るほどだった。内情に詳しい取引業者によると、きっかけは振興銀に転職していた元SFCG社員による情報提供だったようだ。振興銀は保管場所を知るや、半ば強引にそれら膨大な量の契約書類を倉庫から持ち出して行ったのだという。SFCGの破産が決まる前後、四月の出来事だったとされる。

和解を申し出てきた日本振興銀行側の通知書に対し、信託銀行側は三日後、こんな「ご回答」を送り返している。

「弊社としては訴訟等の法的手段に及ばざるを得ないことを重ねて通知致します」

信託銀行側はすかさず二重譲渡債権に関する帰属の確認や、すでに日本振興銀行が回収してしまった元利金の返還を求める訴訟を相次いで提起する。すると、振興銀側は態度を豹変させて、ありとあらゆる理屈を並べ立てて真っ向から対立した。ただし、その訴訟戦術は徹底的な引き延ばしにあった。

ＳＦＣＧの破綻によって日本振興銀行が抱え込んだ問題は二重譲渡にとどまらなかった。買い取ったローン債権の中身を知り、木村ら上層部は愕然としたはずだ。

とある担保物件があった。

東京・東池袋五丁目の春日通に面して七階建てのビルが立っている。完成したのは一九九四年で、もとは写真関連会社が建設したものだった。二〇〇五年八月になり、そのビルは転売された。買い主は「コシ・トラスト」で、取得資金を貸し付けたのがＳＦＣＧだった。前に触れたように、コシ・トラストはその後、三井住友銀行を舞台とする不正融資事件で経営者が逮捕された会社である。

件のビルは翌年五月、コシ・トラストから「ゴールデンクロス」なる渋谷区内の会社に転売され、さらに一年も経たないうちに「ユアープロジェクト」なる港区内の会社へと持ち主を変えている。ＳＦＣＧは子会社の「ＳＦ不動産クレジット」を通じ、やはりその二社に対しても資金を貸し付けていた。いってみれば、不動産転がしの金主だったわけである。

信用調査会社の調べによると、最終的な持ち主となったユアープロジェクトは一九九〇年代半ばに不渡り手形を出しており、二〇〇八年春には支払い遅延の情報も流れるような会社だった。要は決して経営状況が芳しい会社ではなかったのである。その証拠に、件のビルには都税事務所による差押登記まで打たれている。結局、SFCGはユアープロジェクトからの回収を断念し、担保物件を競売にかけることにした。破綻直前の二〇〇九年一月、東京地裁により競売開始は決定されている。

この時点でユアープロジェクト向け債権はまちがいなく不良債権に分類されるべき類のものだった。ところが、それが日本振興銀行の買い取り債権のなかに混じっていたのである。

SFCGの破綻後、問題の債権をめぐる権利関係はめまぐるしく変転を始めた。

不動産登記簿によると、日本振興銀行はSFCGが付けた抵当権を引き継ぐ形で前年十二月に極度額四二億円の抵当権転根抵当権を件のビルに設定していた。それが、SFCG破綻後の四月二十四日になると、代位弁済を原因として「中小企業保証機構」に移転され、さらに同日付で債権譲渡により「アリゾナ・キャピタル」へと移転を重ねているのである。最終的にビルはその年十一月に実施された競売により「飯田橋不動産販売」なる会社が所有するところとなった。

中小企業保証機構にしろ、そしてアリゾナ・キャピタルや飯田橋不動産販売にしろ、それらは日本振興銀行の親密先ばかりだった。結論からいえば、この時、振興銀が行ったのは不良債権をバランスシートから隠すための「飛ばし」にほかならなかった。

順を追って見ていこう。

大阪市内に本店登記された中小企業保証機構は以前、その社名を「ビービーネットファイナン

東池袋5丁目ビルをめぐる飛ばしの構図

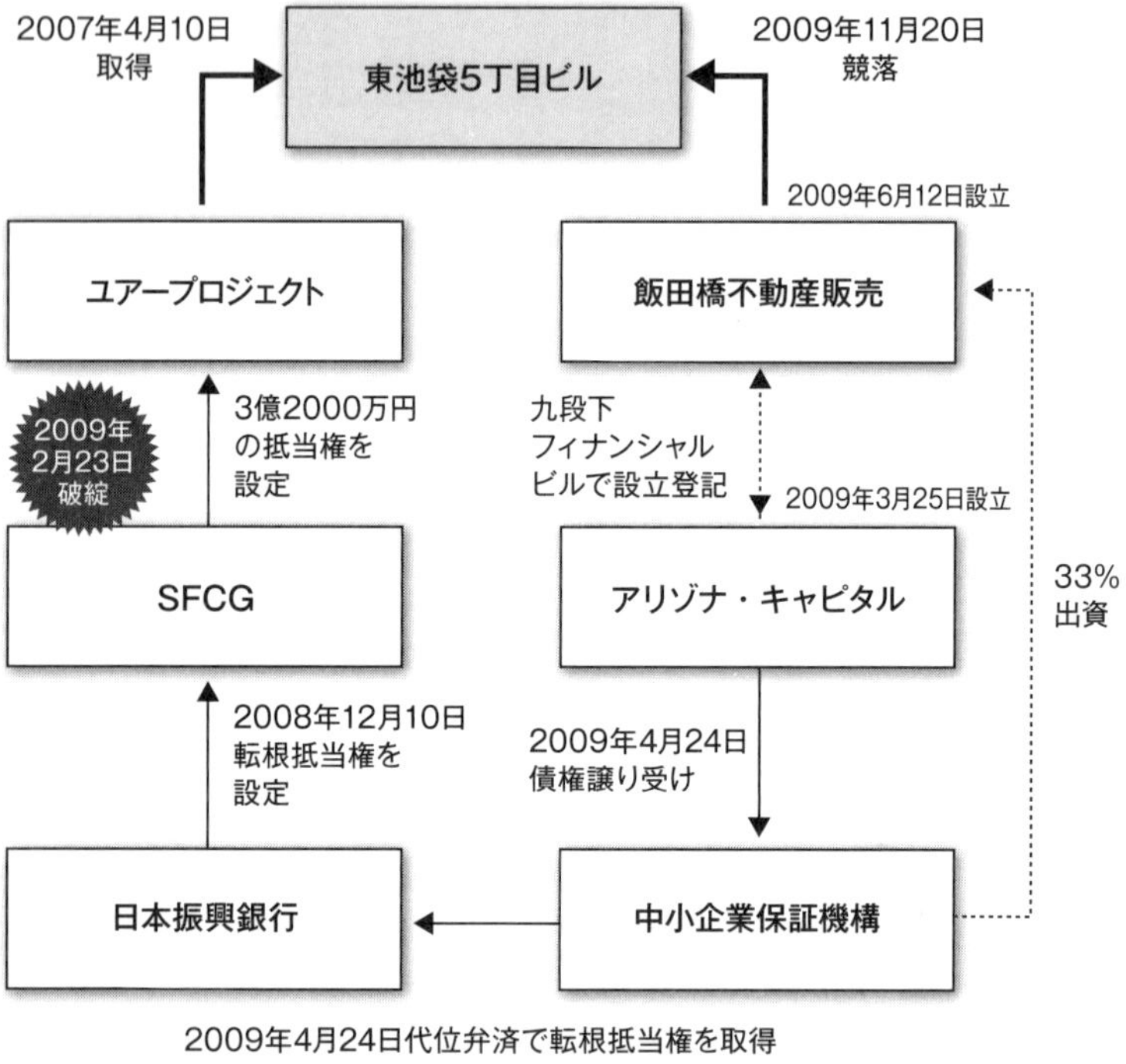

ス」と名乗っていた。二〇〇七年八月の執行役会で勃発した木村に対するクーデターで、そのやり玉にあがった提携先と言えば、すぐに思い起こせるだろう。

その後、日本振興銀行は木村が唱える「百社構想」の下、「中小企業振興ネットワーク」の形成を急ぐこととなるが、その中心を担ったのは業務や業種ごとに設立された「機構系」と呼ばれる親密企業群だった。融資保証やシステム開発、飲食や建設など、「機構系」のネットワーク企業は最終的に二十八社を数えることとなる。そのなかで最も重要な役割を担っていたのが中小企業保証機構だった。

実は日本振興銀行とSFCGとの間で最後のローン債権譲渡契約が結ばれた二〇〇九年一月二十六日と同じ日付が入った不可解な保証契約書が存在する。前に触れたように、振興銀は買い取り債権に対してSFCGの連帯保証を要求していた。問題の保証契約書は過去十回に及ぶ買い取り債権に付けられたSFCGの連帯保証をさらに中小企業保証機構が連帯して保証するという、ほかではあまり見ることのできない奇妙な契約だった。

わずか二〇〇円の収入印紙しか貼付されていない契約書の内容はあまりに雑駁だ。十回分の原保証契約は日付こそ明記されているものの、金額はどこにも入っていない。当然、一本一本の内容が記載された債権リストも添付されていない。日本振興銀行は中小企業保証機構に対して保証料を支払うこととされているが、料率や支払い方法については「別途協議」とされているのみである。なぜかSFCGは契約当事者にすら入っていない。

東池袋五丁目のビルに付けられた抵当権転根抵当権がSFCGの破産直後に中小企業保証機構に対して代位弁済により移転されたのは、問題の保証契約に基づく行為だったとみられる。

ただ、ここでさらに不可解な点が浮かんでくる。保証契約書の記載によれば、日本振興銀行はSFCGの民事再生手続きが開始された時点で即座に履行を請求できたはずだからである。にもかかわらず、二カ月もの長期間、履行請求は行われなかったことになる。となると、問題の契約書に入れられた一月二十六日という日付は本当に作成日を意味するのだろうか。バックデートされたものとの疑いがどうしても生じてくるのである。

ひとまず話を先に進めよう。

中小企業保証機構から債権を譲り受けたアリゾナ・キャピタルが本店登記されていたのは「九段下フィナンシャルビル」と名付けられた東京・飯田橋にある九階建ての建物だった。ビルを所有するのは「中小企業管理機構」で、そこには中小企業振興ネットワークの会員企業ばかりが入居していた。木村の個人会社で会員制セミナーなどを主催する「フィナンシャルクラブ」も入居企業の一社で、同社が開設するサロンでは竹中平蔵や伊藤達也を招いての講演会などが催されていた。

アリゾナ・キャピタルの代表取締役に据えられていた人物は中小企業管理機構の取締役も兼務していたから、両社の関連性は明らかだった。アリゾナ・キャピタルの設立日はSFCG破綻から一カ月後の三月二十五日である。ローン債権をめぐる一連の所有権変更は入念に仕組まれたスキームにちがいないから、準備はその頃から始められたと考えることもできる。スキームの出発点となる保証契約に関してバックデートの疑いがあると述べたが、アリゾナ・キャピタルの設立日を起点にして全体を眺めると、その疑いは一層濃いものとなる。

スキームの出口を担った飯田橋不動産販売の設立はさらにそのあと、六月十二日のことだった。出資したのは中小企業保証機構など「機構系」の三社で、設立時に本店が登記されたのはやはり九段下フィナンシャルビルだった。前述のように東池袋五丁目の担保不動産には競売がかけられていたが、落札価格が低いとアリゾナ・キャピタルに損失が生じてしまう。そこでそれを回避するためダミーの飯田橋不動産販売に落札させたものとみられる。

東池袋五丁目の担保不動産をめぐる一連の筋書きを支えた資金的裏付けが日本振興銀行によってなされていたことは想像に難くない。しかも、それは氷山のほんの一角にすぎなかった。

結果的に中小企業保証機構はその後、経営破綻する。東京地裁に提出された再生手続開始申立書によると、実は同社が代位弁済により日本振興銀行から譲り受けたSFCG関連のローン債権は簿価で三五〇億円にも上っていた。そして、そのすべてが同じ日のうちに簿価で転売されていたのである。転売先の一社がアリゾナ・キャピタルだった。金額は二〇三億円である。ほかの二社は兄弟格の「アラバマ・キャピタル」と「アラスカ・キャピタル」で、金額はそれぞれ一一七億円と一億円だった。転売されたローン債権のうち半分は実体を伴わない二重譲渡債権だったとされる。

日本振興銀行はSFCGとの間でローン債権の譲渡契約を結ぶ際、ろくにデューデリジェンスを実施していなかった。その頃すでに振興銀の傘下に入っていたNISグループの関係者によると、SFCG破綻の前後、振興銀は慌ててNISグループに対して買い取り債権の精査を要請してきたという。そこでローン債権の劣悪ぶりを認識したのだろう。

もう一度指摘するが、一連のスキームは日本振興銀行を中心に眺めた場合、「飛ばし」にほかならない。一九九〇年代のバブル崩壊後に大手銀行がこぞって手を染めた不良債権隠しと同じである。それを批判し続けた木村はまったく同じやり方で自らの経営の失敗を糊塗しようとしたのである。

ＳＦＣＧの破綻後、日本振興銀行は猛烈な勢いで買い取ったローン債権の残高を圧縮した。全行的に展開したのは「ＲＳローン」と称する貸出だった。ＳＦＣＧからの借り手に新規貸出を行い、それを元手に従来の借り入れを清算させるというものである。そうすることで、二重譲渡債権が消えてなくなり、振興銀による貸出だけが残るというかなり強引な目論見があったようだ。その一方で、受け皿会社への飛ばしも大々的に行われていた。ＳＦＣＧから買い取った債権の残高が減れば、それだけ資産内容の健全性をアピールできるとでも思ったのかもしれない。

しかし、それは明らかに誤魔化しであり、詭弁にしかすぎなかった。

煽動者

木村剛による誤魔化しや詭弁は外に対してだけでなく、内に対しても同じだったといえるかもしれない。

二〇〇九年の二月以来、日本振興銀行の本店には毎月の第一土曜日になると早朝から大勢の社員が出社するようになっていた。中小企業振興ネットワークに参加する企業の管理職を一堂に集めた会議がその頃から開かれていた。理事長である木村が召集するこの「ネットワーク会議」は原則自由参加とされたが、それでも毎回の参加者は二百人から三百人を数え、ホールに入りきれない幹部は別フロアのモニター画面に見入った。

かつて政府のブレーンまで務めた論客がネットワークの行く末についてどう語るのか、少なからぬ社員は興味半分での参加だった。しかし、なかにはもちろん自らの昇進を果たすため、木村の言葉を一言一句聞き漏らすまいと前のめりな姿勢で臨む者もいた。

会議は木村によるスピーチで始まる。予定の時間は六十分とされていたが、大概はそれを大きく超えて、演壇に立つ木村は熱弁を振るった。ただし、その場に居合わせた誰もが知りたいと感じていたであろうSFCGとの間の二重譲渡の問題に関する説明はまったくなされなかった。かわりに木村がぶち上げるのは途方もない目標ばかりだった。

「りそな銀行に追いつこう」

「二〇二〇年にメガバンク入りを果たそう」

その姿は煽動者以外の何者でもなかった。

同時に木村は強い危機感を訴えた。それは一見すると、不可解な振る舞いといえた。

その頃、日本振興銀行が対外的に公表していた決算は過去最高を更新し続けていた。高金利の定期預金募集で預金残高は急増を続け、二〇〇九年三月期末にその額は四〇〇〇億円を突破していた。貸出残高も大幅な伸長を見せ、他方でその急増ぶりにもかかわらず、不良債権発生額は極めて低い水準を保っていた。その期、振興銀が上げた経常利益は二九億円で、赤字続きの低迷ぶりは嘘のように過去のものとなっていた。ただし、それは対外的に公表された数字の上での話だった。

木村は二重譲渡問題の深刻さを知っていたはずだし、買い漁ったローン債権の劣悪なことも認識していたにちがいない。だからこそ、「飛ばし」も行っていた。内に対して訴えた危機感は職員を目標数字に駆り立てるブラフでも何でもなく、それこそが木村の悲痛な本心だったのかもしれない。ただ、その実相を知るのは木村本人だけ、あるいは関本信洋ら少数の側近に限られていた。

内実を知らない大多数にとって、表向きの好決算とは裏腹に、木村がひたすら危機感を煽ったのは奇妙な光景でしかなかった。事実、ネットワーク会議の参加者のなかには木村の真意を測りかねる向きもあった。とりわけ八月一日に行われたネットワーク会議の冒頭で木村が参加者全員に配布したペーパーはともすれば激しい動揺を引き起こしかねないものだった。

「すべての役職員へ」

そう表題が付けられたペーパーで、木村は多発するデフォルト（債務不履行）に対する危機感を訴えていた。それによると、二十二日時点で七月の月間デフォルト発生額は二億一七七二万円に上っていた。木村は過去最悪の記録として前々年五月の数字、三億六九八九万円を挙げ、このまま最終的にとりまとめる数字では遙かにそれを上回ると推計してみせた。つい十日前に日本振興銀行が公表していた四半期決算はたった三カ月間でその前年に上げた一年間の利益を上回るという記録破りの内容だったが、木村はそれを「幻の利益」とまで言い切った。そして、結論として振興銀の職員に対する賞与支給を延期せざるを得ないとしたのである。

「普通こんなの配らないですよね」

ペーパーを受け取ったネットワーク企業の中堅社員は木村の言動を訝っていた。一つは漏洩のおそれがあるにもかかわらず内部情報を記したペーパーを多数の関係者にばらまく木村の脇の甘さに対してであり、もう一つは対外的に公表していた好決算とのあまりの隔たりに対してだった。

この時、木村はデフォルト抑制の具体策をいくつか打ち出している。毎月五日には貸出先に銀行通帳のコピーを提出させて資金の出入りを確認し、同じく十日には営業支援もかねて「御用聞きアンケート」と呼ぶ企業訪問を実施、さらに十五日には資金繰り計画表を提出してもらう――。日本振興銀行の支店網は全国に拡大していたが、そのほとんどは二、三人で回しているような小規模店だった。そんな営業現場で木村の要求をこなすことは土台無理な話である。

「ほかの商工ローン業者はこんなことやりませんよ。木村さんは現場を知らないんじゃないか」

前出の中堅社員の心中では経営者としての木村に対する評価が揺らぐばかりだった。

賞与支給の延期は士気にも影響しかねない。そこで木村はその後、十一月に開かれたネットワーク会議でアメを用意した。日本振興銀行が五〇億円の経常利益を達成した暁にはその一割を「賞与ファンド」に充て、成績上位者で山分けにするという案だった。

そして、その日のスピーチの最後で木村はこんな言葉を紹介している。

天その人にわざわいするは、
天いまだその人を棄てざるなり

鎌倉時代末期から南北朝時代にかけて活躍した藤原藤房によるものだという。万里小路との氏でも知られる藤原藤房は、後醍醐天皇の側近として仕え、その後、流刑、復権と浮き沈みを経て、最後は建武の新政に失望して出家し、行方知らずとなったとされる。

どのような意図で木村がこの運命論的な言葉を紹介したのかは、結局、話を聞き入っていた者には分からずじまいだった。会議に集まった各人に奮起を促すというよりは、内心追い詰められていた木村が自分自身に言い聞かせていたのかもしれない。

異形の企業集団

中小企業振興ネットワークは、その怪異な相貌を現しつつあった。

日本振興銀行の周りには「機構系」の親密企業群が増殖し続けた。そのなかには誰もが参加の経緯を訝るようなものすらあった。

システム開発の「中小企業IT支援機構」はジャスダック上場のトランスデジタルとの共同出資により二〇〇八年五月に設立されたものだが、相手はよからぬ風評が長年つきまとっている会社だった。トランスデジタルは不公正ファイナンスの温床となる「ハコ企業」の代表格で、実際、当時は金融ブローカーの笹尾明孝や黒木正博らが入り込み、こんどは「コリンシアングループ」の名称で知られるようになっていた当時売り出し中の鬼頭和孝に金主を交代しようとしていた。

鬼頭がトランスデジタルを手がける前年の秋頃に介入していたのが、日本振興銀行のかねてからの提携先であるビービーネットだった。投融資事業の失敗で惨憺たる情況にあった子会社のビービーネットファイナンスを引き取ったのが中小企業振興ネットワークであり、同社はほどなく中小企業保証機構へと衣替えして重要な役割を負わされていく。そして、鬼頭らが二〇〇八年十一月頃に足抜けしたあと、ビービーネット自体も中小企業投資機構へと社名を変え、「機構系」に名を連ねることとなる。

そうしたよからぬ風評など構うことなく、日本振興銀行は次々と業務を「機構系」に外部委託していった。総務部門は中小企業管理機構、人事部門はかつて落合伸治を体よく追い払うために設立した別会社をその後改称した「中小企業人材機構」といった具合である。また、貸出先への保証業務はこれまで繰り返し登場してきた中小企業保証機構が、サービサー業務は「中小企業債権回収機構」が、それぞれ役割を担うといった案配だった。

さらにその周辺には業種別の親密企業が配された。「中小企業建設機構」や「中小企業飲食機構」、果ては「中小企業スポーツ機構」まで設立されていた。それらが担ったのは新規貸出先に対する審査業務である。日本振興銀行はかつてスコアリングモデルを採用し、無惨に失敗した過去があった。各業界に精通した専門家が与信を行えばうまくいくはずだというのが、木村剛の描いた貸出拡大に向けた戦略だった。銀行業の要ともいえる審査業務まで、振興銀は親密企業群に外部化してしまったのである。

もっとも、理屈はどうあれ、日本振興銀行の貸し方はまるで街金業者のそれと同じだった。確かに不動産など伝統的な担保にはこだわらなかったが、かわりに経営者に要求したのは生命線ともいえる持ち株だった。いざとなれば、担保権を行使して会社ごと取り上げてしまうのである。それはそのままネットワークの拡大にもつながった。

不特定多数の預金者から資金を好きなように集められる銀行業だけに許された万能の杖を振るい、中小企業振興ネットワークは次々と上場企業をも呑み込んでいった。総合金融業のＮＩＳグループが売りに出したアプレックを傘下に入れて中小企業信用機構へと社名を変え、しばらくのちには本体のＮＩＳグループごと支配権を奪った。ＳＦＣＧから担保にとっていたカーチスホールディングスやマルマンも経営陣を説き伏せ、傘下に引き入れている。さらにフランチャイズチェーン支援のベンチャー・リンクなど、併呑の勢いは収まる気配がなかった。

木村が目指したのはよく言えば財閥モデルだったとみなすことができなくもない。多様な業種を取り込むことで、資金が外部に流出することを避け、自立的な経済圏を築くのである。のちに木村は「フルセット・コミュニティ」なる独自のスローガンを掲げて、その構想をさらに踏み込んで押し進めていく。

「ネットワークとしては、必要と思われるすべての事業を取り込んでいくことによって、ネットワーク外部に資金を洩らさないための仕組みを構築していきます。その結果として、政策や景気に左右されずに安定的な経営をしていくことのできる『フルセット・コミュニティ』を実現していきます。個人的には、氷河期だからこそ、『フルセット・コミュニティ』

を睨んだ施策を有効かつ迅速に実践できると考えており、2010年は、ネットワークが大きく羽ばたく年になることを確信しております」

木村はネットワーク企業の社員にそう呼びかけている。

しかし、現実に中小企業振興ネットワークを舞台に行われたのは、ありとあらゆるバリエーションを伴った不透明な資金異動の数々だった。「機構系」の親密企業群を複数経由して最終的には一社に多額の融資を流したり、ネットワーク企業へ多額の融資を行う見返りに日本振興銀行の増資を引き受けさせたりといった行為が横行したのである。ネットワークの資金的なつながりは複雑に絡み合い、資金が縦横にかけめぐる分、各社の資本や売り上げはそれだけ水増しされていった。

「迂回融資、迂回出資の話は日常的にありましたよ」

ネットワーク企業の元幹部はそう言い、こうも続ける。

「指定する役員を入れろ、通帳と印鑑を渡せ、何々機構に社員を転籍させろ、マルマンのゴルフ会員権を買え、ベンチャー・リンクに出資しろ――。ほとんどが木村さんからの指示でしたね」

元幹部が指示に対して反発すると、木村は部下を寄こして、提訴をちらつかせ、圧力をかけてきたことすらあったという。

木村は二〇〇九年二月九日付で「事前協議に関する事項」と題する書面をネットワーク各社に

送付している。そこには「下記の件に関して決定する場合、理事長に事前相談することが望まれます」と書かれており、具体的な事項として「五〇〇万円以上の出費を伴う取引」や「五〇〇万円以上の資金取引（ネットワーク企業との資金取引を除く）」「一切の資本取引」などが列挙されていた。木村は理事長として、傘下企業の一挙手一投足にまで口を差し挟んでいた。

ＮＩＳグループの元役員によると、同社が二〇〇八年暮れに中小企業振興ネットワークの傘下に入る際、木村はオフィスに自ら乗り込んできて、帳簿類を広げて細かな数字までいちいち自分の目で確かめていったという。普通、経営者は大局的な判断を下すのが役目だから、そこまでのことはしない。しかし、木村は、それがどれほどの意味を持つ行為なのか不明なのだが、とにかく事細かな点にまで自らの意思が及ぶことを求めていた。

二〇〇九年五月以降、木村の本拠地は下町風情が色濃い日本橋小伝馬町の「日本橋フィナンシャルビル」へと移る。中小企業振興ネットワークは「機構系」の傘下企業を使って、都内数カ所に拠点となるビルを次々と買い上げていたが、雑然とした街並みに溶け込んだ九階建てビルもその一つだった。

木村は霞が関にあった個人会社の「フィナンシャル」をそのビルの三階に移し、広さ三百五十平方メートルのフロアの南西側にＬ字状をした大型の執務机を置いた。すぐ近くには広報担当スタッフの尾花典子らの席があり、木村の背後の小部屋には金庫番の藤本玉江が控えていた。この頃ともなると、日本銀行の後輩で独立にあたって引き抜いた齊藤治彦ら本業のコンサルティング部隊は、木村の常軌を逸した振る舞いを危険視して、完全に袂を分かっていた。フィナンシャルから衝立で仕切られたもう一方のスペースには、大阪から本拠を移していた中小企業保証機構のスタッフ約二十人が居並んだ。社長の河村巧はその頃、木村の右腕的な存在として台頭していた。一九六七年生まれの河村は太陽神戸三井銀行入行後、ビービーネットファイナンスに転職し、ほどなくして社長に昇格すると、そのまま中小企業振興ネットワークで枢要な地位を占めるようになった。その肩書は木村に次ぐ幹事長である。河村の席は木村とは目と鼻の先で、二人は頻繁に何事かやりとりをしていた。

中小企業振興ネットワークの資金の流れは、ここ日本橋フィナンシャルビルの三階でほとんどがコントロールされていた。業務受託の名目の下、中小企業保証機構はネットワーク企業全体の資金繰りを管理した。過不足があれば、ほかのネットワーク企業との間で貸し借りを調整するのである。中小企業保証機構は各社の通帳や印鑑まで預かっていたとされる。それとともに、金庫番である藤本も木村の指示の下、資金の流れについて目を光らせていたという。

中小企業振興ネットワークではほかに、やはりビービーネットファイナンス出身で事務局長を務める松平敏幸や、SFCGの取締役から転じていた竹下俊弘らが加わり、木村の側近グループを形成していた。かたや、日本振興銀行のほうでは関本や山口博之、それに六月一日付で代表執行役社長に抜擢されていた西野達也らが廷臣団を形作っていた。そして、頂上に君臨する木村はそれら二つを手足にして、異形の企業集団をひたすら拡大させるべく、スローガンを連呼して、職員を煽動し続けたのである。

破産者・大島健伸

他方、自らが築き上げたＳＦＣＧを追われた大島健伸はどこまでも墜ちていった。

二〇〇九年五月八日、大島は思いもよらぬ形で個人破産を申し立てられる。債権者として突然立ち現れたのはＳＦＣＧに対して過払い金債権を持つとする中小零細事業者六十五名だった。その後ろには団長の木村達也を始め総勢でおよそ百六十人にも上る「日栄・商工ファンド対策全国弁護団」がついていた。代表取締役であった大島には「役員等の第三者に対する損害賠償責任」を定めた会社法第四百二十九条による損害賠償請求権が及ぶというのが、中立弁護団による主張だった。

破産申し立てを受理した東京地裁民事二十部は一カ月後の六月四日、大島の破産手続き開始を決定する。二日前には、ＳＦＣＧの管財人が破産法に基づき申し立てていた大島に対する役員責任査定で、東京地裁が七一七億円という前代未聞の巨額損害賠償を認めていた。一連の資産隠しが厳しく問われた結果だった。

大島は即時抗告を申し立てるなど徹底抗戦を挑むことになるが、以前に触れたその際の陳述書には、自身の破産決定を知った時の情景がこう記されている。

「6月4日夜、民事20部から私について破産決定が出されたというニュースが流れているとの話を聞かされました。正式な決定書を見せられたわけではありませんでしたから、半信半疑でしたが、翌6月5日になって、新聞記者から入手したという決定書のコピーを見せられ、前日の6月4日午後5時をもって私を破産者とする旨の決定が出ていることを知りました。私が何故に破産者になったのか、その理由を栃木（義宏）弁護士に聞いてみましたが、同弁護士も、どうしてなのか、皆目見当もつかないと、首をひねっておいででした」（カッコ内は引用者）

その陳述書で大島の自宅住所とされていたのは、松濤の豪邸から歩いて数分の場所にある小ぶりなマンションだった。それは都内有数のラブホテル街のど真ん中に位置した。もっとも、そこに大島が実際に住んでいた可能性はほとんどない。おそらく大島は大半を松濤の自宅で過ごしていたものとみられる。

ＳＦＣＧ追放後、大島は三菱商事からヘッドハントした吉池仁や「ジェイジェイ」との愛称で呼ぶ中国人女性を個人秘書にして身の回りの世話をさせていた。大島は長男の嘉仁を通じて数百万円単位でカネを渡し、裁判対策のため倉庫がわりのマンションを探させたりしている。ラブホテル街のマンションはその一つだったのかもしれない。

その後になって出された破産管財人の調査報告書によると、大島本人名義の資産は、国内外五つの銀行口座にあった預金三六〇〇万円と株券など、わずか八六〇〇万円ほどしか捕捉されていない。他方で税金の未納額は一〇億円を優に超えていた。有名経済誌に世界的な大富豪と認められた往事からすれば、一見信じられないほどの落ちぶれようである。

にもかかわらず、破産後も大島が松濤の豪邸に住み続けることができたのは、それが個人会社「ブルーバード」の名義となっていたためだ。破産管財人はSFCGによる賃借契約を解除して明け渡しを求めたが、ブルーバードは八八〇〇万円を気前よく用意して和解に持ち込んでいる。それで、大島は豪邸にそのまま居座ることができたわけである。

大島は十年以上前からペーパーカンパニー群を駆使して財産の隠匿をせっせと図っていたが、ある程度それが功を奏したともいえる。破産者となってからも大島はMAGねっとホールディングス（旧MAGねっと）の背後で影響力を行使し続けた。嘉仁を社長に据え、沈み行く巨艦SFCGから脱出する救命ボートに見立てたMAGねっとホールディングスは破産手続きから首尾よく逃れ、事業を継続していた。再起への執着を、大島はまだ捨てていなかった。

しかし、同時に大島は何かに怯えていたのかもしれない。

八月に入ると、大島は家族でハワイ旅行の計画を立てている。大島家族は例年その時期、ハワイに出かけていたが、その年も吉池の勧めで、出かけることにしたらしい。恵比寿のウェスティンホテルや松濤の自宅で、嘉仁や大島の妻は吉池との間で打ち合わせを重ねている。大島家族はやはり数百万円単位で吉池に複数回にわたり当座の資金を渡したが、それには身辺警護スタッフの費用まで含まれていた。松濤の自宅にかねてから警備員を常駐させている大島だが、旅行にまで同様のことを求めたのはいかにも過剰に映る。

大島は「ＩＯＭＡグループ」などを通じて破産管財人に対し数多くの裁判を起こして徹底的な抵抗戦術に出ていたが、なかにはどうにも理解しがたい事案もある。ＳＦＣＧから譲り受けたとするローン債権をめぐって「合同会社白虎」が起こした裁判はその最たる例だ。破産管財人側は一連の資産隠しの一環とみなし、その譲渡を否認していた。

問題の債権は東京・赤坂の七階建て雑居ビルを担保とするもので、ＳＦＣＧは二一億円の抵当権を設定していた。ミニバブル崩壊後も競売の売却基準額は約七億円だったので、まとまった額の債権ではあった。

しかし、その権利関係は実に複雑だ。とうに破綻状態に陥ったもともとの借り手はなぜか抵当権が付いたまま、物件を信託し、現在は大阪市福島区内の不動産関連会社が名義人となっている。その名義人は大阪市中央区内の不動産会社や神戸市内の個人から多額の借り入れがあるらしく、総額六億円の抵当権が仮登記ながらべったりと付けられている。

実は名義人となっている会社の代表取締役は以前に触れた岡本ホテル事件に登場するＳＦＣＧの貸付先の株主と同一人物だ。東京・西麻布のその会社が山口組弘道会系暴力団（当時）と関連が深いことは前に指摘したとおりである。また、抵当権を仮登記している神戸市内の個人に関しても聞き捨てならない過去がある。画商を営んでいるとされるその人物は過去に二度も銃撃されたことがあり、そのうち一度目は複数の山口組系暴力団組員が検挙されているのである。

白虎はわざわざ競売手続きの停止まで申し立てて物件を確保しようと躍起になったが、果たしてこのような複雑な背景をどう見てのことだったのか。事情を知った上であえてそうした行動に出ているのか、それとも知らないままでの行動なのか、いずれかで見方は大きく分かれるところだが、もし前者なら提訴の最終目的が何であれ、身辺警護を付ける大島の心中を察することはそれほど難しくない。

「本来、一族は気が弱いんだけどね」——

「大島商事」で番頭だった高田勉が漏らした言葉がふと記憶に甦ってくる。

担保不動産をめぐって決裂したのち、大島と木村剛との対立は何件も法廷に持ち込まれた。SFCGによるローン債権買い戻しを連帯保証していたとされるMAGねっとホールディングスなど大島側の三社に対して、日本振興銀行が保証の履行を求めた事案もその一つだった。

最終的にすべての裁判は二〇一〇年三月二十六日付で和解となったが、その内容は金融の深い闇に吸い込まれていく二人の断末魔の叫びを耳にするようでもある。

和解は、MAGねっとホールディングス側の「ジャスティス債権回収」が保証履行を免れるかわりに中小企業債権回収機構に対して貸付債権を譲渡するとの内容だった。驚くべきことに、譲渡される債権の簿価は実に六六一六億円という途方もない額だ。しかし、百七十七ページにも及ぶ債権目録を見ていくと、まるでゴミ溜めの奥のほうから掘り返されてきたようなひからびたその中身に、別の意味で驚かされる。

債権はほとんどが一九八〇年代のバブル期に貸し付けられたものだった。

三菱信託銀行の「愛時資」向け債権六二億円（保証人・橘田幸俊）
太陽神戸三井銀行の「エクサインターナショナル」向け債権二億六八〇〇万円（保証人・笹尾明孝ら）
日本興業銀行の「箕輪不動産」向け債権一五億円
日本債券信用銀行の「エムアンドアイパシフィック」向け債権三一億円
たくぎん抵当証券の「日本都市デベロップ」向け債権七億円
オリエントコーポレーションの「大平産業」向け債権二三億円

これらはほんの一例だ。

原債権者の多くはその後、金融再編で行名が変わり、なかには破綻したところもある。債務者に至ってはとうの昔に破綻状態に陥り、現在では消息すらつかめないところばかりだ。太陽神戸三井銀行の債権で保証人となっている笹尾は前にもすこし触れた金融ブローカーだが、二〇〇六年には日本エルエスアイカードをめぐる架空増資事件で実刑判決を受けている。そんな例すらある。

あるサービサー会社の役員によれば、二〇〇七年頃、ジャスティス債権回収が「残高を増やしたいので、何でもいいから売ってくれ」とやって来たことがあったという。銀行から不良債権を捨て値で買い取り、手練手管を講じて回収を進め、収益を稼ぐのがサービサー会社だが、そんなプロでもお手上げの債権がある。役員はそれを「ポンカス債権」と呼ぶが、なぜかジャスティス債権回収はそんな債権を方々で買い漁っていたのである。

その意図については当時明らかにされていなかったが、件の和解話を聞いて、プロには一瞬で謎が解けたようだった。サービサー会社役員は「一億円の債権を一万円で買って、一〇万円の借り入れの担保にできればいいと考えたんだろう」と言い、「いかにもＳＦＣＧのエリートが考えそうなこと」と吐き捨てた。

下手をすれば回収コストで赤字になりかねないそんな「ポンカス債権」に対して、日本振興銀行は和解にあたり百数十億円の価値があると見積もったらしい。しかし、半年も経たないうちに、その額はたったの二億円にまで引き下げられたという。

第9章 ペイオフ発動

負の磁場

それぞれの所属を表すのだろう、赤、青、黄、緑と四通りに色分けされた名札を各々首からぶら下げた社員が数人ずつ連れ立って会場に次々と入っていく。行く手では黄色いジャケット姿の係員が大声を張り上げて誘導作業に追われていた。

二〇一〇年が明けて最初の「ネットワーク会議」は一月九日に開かれた。それは半年も前から周到に準備されてきたものだった。横浜市みなとみらい地区のパシフィコ横浜国立大ホールを借り切り、「中小企業振興ネットワーク」はその日朝から「ネットワーク・フェスタ」と銘打った三千人規模の集会を大々的に開催したのである。

スモークがたかれ、レーザー光線が照らすなか、理事長の木村剛が壇上に現れると、パワーポイントを時折使っての基調講演が始まった。

「大志共鳴」

「切磋琢磨」

「互恵互栄」

「唯一生き残るのは変化できる者である」

一時間半に及ぶそのなかで、木村は教育や研修、雇用をその年の重点分野に挙げ、大学の買収も臭わすなど、相変わらず遠大な構想を一人熱く語り続けた。

元プロレスラーのアントニオ猪木が赤いマフラー姿で登場して成績優秀者にお決まりのビンタを食らわす余興や、司会の芸人から「キム兄ぃ」と親しげに呼ばれた木村が出題者に扮して会員企業にちなんだ問題を次々に繰り出すクイズ大会などを挟みながら、ネットワーク・フェスタは日暮れまで続いた。

そして最後はいつものようにアメリカのオバマ大統領に倣って会場全体で気勢を上げた。

「イエス！」

壇上の木村がそう叫ぶと、それに続けて全員が唱和した。

「ウィ・キャン！」

それを三回繰り返すのである。

中小企業振興ネットワークにはその後も続々と上場企業が合流していた。だが、そのほとんどは、経営が立ち行かなくなったところだったり、暗い過去がつきまとっていたところばかりだった。

かつてＩＴ（情報技術）ベンチャーの先頭集団を颯爽と走っていたインデックス・ホールディングスが中小企業振興ネットワークに加入した経緯は、どこか後ろ暗さを感じさせるものだった。表向き、同社が傘下に入ったのは二〇〇八年十二月のことだった。「中小企業保証機構」などを引受先とする第三者割当増資を実施して、ネットワークと固く資本関係を切り結んだのである。

しかし、水面下ではその五カ月ほど前から不穏な動きが進行していた。

インデックス・ホールディングス創業者の落合正美が渋谷区内に購入した自宅に中小企業信用機構が極度額二四億円もの根抵当権を設定したのはその年七月中旬のことだった。債務者は落合本人とされていたが、なぜこれほどの大金が個人で必要だったのか。

落合は前年十月に個人会社「ＩＤホールディングス」を設立し、すぐに同社は問題の自宅を担保に相当額を借り入れていた。一月中旬には極度額約二三億円の根抵当権が三井住友銀行神田駅前支店によって設定されている。不動産登記簿の記載内容から見て、中小企業信用機構はそれを肩代わったものとみられる。

そもそも落合が大金を借りた肝心の理由についてはよく分からない。いずれにせよ、中小企業信用機構が落合の窮地を救ったことだけはまちがいないだろう。それを機にインデックス・ホールディングスは中小企業振興ネットワークに接近した。落合は別の個人会社「落合アソシエイツ」をつくり、二〇〇九年三月に日本振興銀行から三〇億円もの融資を受け、インデックス・ホールディングスの増資を引き受けている。自身の支配権を損なうことなく、会社の資本増強を実現したのだ。

携帯コンテンツ事業を軸に海外へも積極的に打って出たインデックス・ホールディングスの拡大路線が行き詰まったのは二〇〇七年のことだった。そうしたなか、同社は厄介なトラブルも抱え込んだ。提携していた学習研究社の株式をめぐってそれは起きた。

発端は、保有する学研株五百万株を、財務担当役員が資産運用の一環で貸株に出したことだった。貸株をすれば、その分、品貸し料がもらえる。七月中旬、今なお詳細は明らかにされていないのだが、ある企業に対して貸株は実行されている。契約上その期間は一年間とされた。ところが、間もなく、学研株はいずこにか転売されてしまう。

すると、こんどは大阪方面の暴力団組長や愛知県内の会社役員からその株式をサルベージしようとの申し出が舞い込んだ。組長らが提示した報酬額は四億円だった。当たり前の対応だが、インデックス・ホールディングスはこの申し出を断った。とはいえ、それで組長らが引き下がるわけもない。

九月下旬から十月下旬にかけ、落合ら経営陣の許には五回にわたって組長や会社役員から文書が送りつけられたり、連絡が入った。

「インデックスと心中してやるから覚悟しろ」

「山口組一心会の人間がインデックス社長を狙っており、今週中にも刺し違える」

「四億円の報酬をもらえると約束したと認めろ。会社がどうなってもいいのか」

組長らからはそんな恫喝を繰り返し受けたとされる。そんな身も縮み上がるような渦中にありながら、落合はIDホールディングスを設立して、自宅を担保に入れ、個人としては異例ともいえる多額の借り入れを行っていたことになる。

件のトラブルは翌年四月になり、警視庁によって恐喝未遂事件として立件されている。だが、東京地検は処分保留で暴力団組長らを不起訴処分とした。トラブルの真相もそうだが、気になるのはその後、学研株がどうなったかである。少なくともインデックス・ホールディングスに返還された形跡はない。結局、同社はその後も詳細について何ら明らかにしないままだった。

創業者の個人的借金を理由にインデックス・ホールディングスが中小企業振興ネットワークに接近したのは、後ろ暗い過去をまた一つ増やすことになったといえる。落合アソシエイツから払い込まれた増資金はその後、中小企業保証機構に流れ、さらに「AAアドバイザーズ」なる落合のダミー会社への債権譲渡などを経て複雑な資金異動の闇に吸い込まれていった。落合はその妻が保有する分まで含め、株式の大半を中小企業保証機構やその子会社の「関西フィナンシャル・ポート」に押さえられ、がんじがらめにされていく。

他方、少なくない関係者が驚いたのが、日本産業ホールディングズの参加だった。

社長の鮎川純太は日産財閥の御曹司という触れ込みで数年前から複数の上場企業の経営に携わっていたが、どれも長続きせず、結果も芳しくなかった。たとえば、東証マザーズ上場のイーディーコントライブでは二〇〇六年に三億円余りを投じて経営参加し、社名をYAMATOなどという少年漫画のタイトルにでもなりそうな名称に変更したが、一年も経たないうちに投げ出している。

有名女優との電撃的な結婚と離婚でひと頃は茶の間に話題も振りまいた鮎川だが、関係者によると、その素顔は「子供をそのまま大きくしたような人物」なのだという。M&A（企業の合併・買収）には常に貪欲らしく、「東証上場企業なら何でもいい」とすこしも恥じらうことなく広言していたともされる。

その後、しばらく鳴りを潜めていた鮎川は二〇〇九年七月になり、札証アンビシャス上場のアルファ・トレンド・ホールディングスに突如現れる。一時期、投資会社化して経営が迷走していたベンチャーだったが、鮎川は会長に就任すると、こんどは自らの血脈を意識したかのような「日本産業」などという復古趣味の冠を社名にかぶせ、何事かを始めようとしていた。その大方針が中小企業振興ネットワークへの参加だった。

二〇〇九年末には複雑な資金や株式の異動が行われていた。鮎川の手駒の一つである「中小企業共済」から貸し付けられた八億円を原資に、日本産業ホールディングズは日本振興銀行の増資一〇億円を引き受けた。さらに、中小企業共済はSFCG破綻後に振興銀が抱え込んでいたマルマン株を引き取り、やはり鮎川の手駒である「日産アセット」は同じく佐藤食品工業株を二六億円もかけて引き取っている。

日産財閥の金看板とは裏腹に、鮎川にはそれほど潤沢な資金は残っていないとされる。当時は

M&Aの仲介報酬一〇〇〇万円を踏み倒したとするトラブルを抱えていたほどである。となれば、株式取得と引き換えに日本振興銀行へと支払った数十億円の出所は自ずと限られてくる。振興銀を中心に中小企業振興ネットワークを駆けめぐっていた複雑な資金還流の中継点を、鮎川も担っていたのは疑いようがない。

ジー・テイストやさかいなど上場飲食チェーンを次々と買収し、倒産した英会話学校NOVAのスポンサーともなっていた「ジー・コミュニケーション」が合流したことは、木村に言わせれば、NISグループを取り込み、SFCGの傘下企業を引き入れたことに続く「第三の躍進」だった。

愛知県内の市役所に勤めていたという起業家にしては風変わりな経歴の持ち主である稲吉正樹は数年来、若手経営者の一角として名古屋を拠点に勢力を拡大してきた。しかし、上場企業を傘下に収めながら、非上場を貫いていたジー・コミュニケーションは何かと経営の不透明さが指摘されていた。案の定、グループは取引先に支払い遅延を起こすなど、見た目の派手さに反して、水面下では経営に窮していた。稲吉は行き詰まった挙げ句、グループを丸投げした格好だった。

このほかにも耐震偽装事件をきっかけに経営不振へと陥っていたシノケングループや、大量のテレビコマーシャルを打ちながら無理な高額契約を結ばせていたことで業務停止の行政処分を受け、経営が傾いていたエステチェーンのラ・パルレなども中小企業振興ネットワークには合流していた。しまいにはサッカーJリーグの「湘南ベルマーレ」まで会員企業に名を連ねている。

それらの一方で別働隊ともいえる動きを見せていたのが、「三和ファイナンス」からのローン債権買い取りに深く関与していた「ネオラインキャピタル」だった。オーナーの藤澤信義による個人投資も繰り出し、同社は倒産したクレディアや、関西地盤のイッコー（のちにJトラスト）といった同業者を次々と取り込み、娯楽施設運営のネクストジャパンホールディングスにまでその勢力圏を広げていた。

藤澤はかつて商工ローン業界の最大手だったロプロ（旧日栄）にも触手を伸ばしていた。実はロプロはその前、二〇〇九年春の段階で、ほぼ資金繰りに行き詰まっていた。そこを救ったのが日本振興銀行だった。京都市内の本社ビルを担保に緊急融資を実行したのである。結局、ロプロはその年十一月に会社更生手続きを申し立てて倒産するが、藤澤配下のJトラストがすぐさまスポンサーに名乗りを上げたのは、まるで事前に申し合わせていたかのような動きでもあった。

ネクストジャパンホールディングスなど藤澤の傘下企業は日本振興銀行から数十億円単位で長期資金を借り入れるなど、両者の間には極めて密接な関係が認められた。名門アパレル企業レナウンの株式も大量に取得していた藤澤は二〇〇九年春、自身を含む取締役選任案を会社側に突き付けるという派手な立ち回りを演じている。その候補者リストには木村の名前も並んでいた。

しかし、不思議なことにネオラインキャピタルは中小企業振興ネットワークとは一定の距離を置いていた。表に名前の出ない「準会員」にとどまっていたのである。

その頃、藤澤は傘下に収めたゲームセンター運営会社アドアーズの取引銀行を訪問し、日本振興銀行との関係について一時的なものにすぎないとの説明を行っている。藤澤としては振興銀との関係を出来る限り打ち消したかったようだ。しかし、訪問を受けた取引銀行幹部は、その動きに対し、逆に不気味さばかりを覚えたのだった。

「ネットワークは、参加企業150社、従業員数4万人、売上高4000億円の規模を展望できる巨大な組織になろうとしています。短期間において、これだけ多くの企業のご賛同を得られたという事実は、ひとえに、このネットワークが目指すべき方向が正しいということを意味しています」

二〇一〇年の門出を盛大に演出したネットワーク・フェスタで、木村は急拡大を続ける中小企業振興ネットワークの行く末について自信を漲らせ、会場に向かってそう語りかけている。落合が委員長を務める「投資委員会」など、傘下各社の社長で構成する十六の委員会が設けられ、ネットワークは有機的な結合をより深めていた。

しかし、経営不振企業が吸い寄せられ、いびつな塊として膨張していくその姿は、鈍く怪しげな光を放つ負の磁場以外の何物でもなかった。

検査妨害

木村剛が約三千人を前に高揚感を味わっていたその頃、金融庁による立ち入り検査が始まってからすでに半年以上もの時間が経過していた。日本振興銀行にとって三回目となる検査が通知されたのは前年五月二十六日のことで、実際に金融検査官による立ち入りが始まったのは六月十六日だった。金融庁が送り込んできたのは、前回と同じメンバーによる検査チームだった。

金融庁検査に対し、木村の敵対姿勢は最初から露わだった。

検査通知があった日、日本振興銀行は木村をトップとする「金融庁検査対応プロジェクトチーム」(PT)を立ち上げることとし、検査対応を専務執行役の山口博之に一本化することと、検査官とのやりとりをすべて録音することを決めた。録音は検査官に対する威嚇まがいの行為ともいえる。

三日後の夜に開かれたキックオフミーティングの場で、木村は社長就任が決まっていた西野達也や腹心の関本信洋ら居並ぶ幹部連に向かい、今回の検査で問題となりそうなのはSFCGからの債権買い取りと中小企業振興ネットワークに対する業務委託や大口融資だと解説してみせ、こう続けた。

「やばそうなメール消しとけよ」

二年前の前回検査では提出した電子メールの記録を端緒に業務運営の不備に関する指摘を受けたとの苦い経験があった。金融庁への恨みを募らせていた木村の頭にはそのことがひどくこびりついていたようだ。

その後も木村は毎夜のように開いたPTミーティングや側近との電話などでメール削除を徹底するよう指示を繰り返した。金融庁からまず提出を求められていたのは関本ら幹部五人分のメール記録だった。

六月四日、木村と関本は行内電話でこんな会話を交わしている。

「シノケンのやつね、サトケンからさ、メールが入ってて、そのなかに資本過半、役員過半のルール、これやべーからさ、これ全部削らせといてね」

木村は関本に対し、そう実行を促した。木村は融資企画室の佐藤賢一を「サトケン」と愛称で呼んでいた。日本振興銀行はシノケングループに対しネットワークへの参加条件として役員や資本の過半を受け入れることを強制していたが、このことは銀行による取引先への優越的地位の濫用になりかねず、検査官から厳しく指摘されるおそれがあった。

さらに会話のなかで木村は関本に対し、こんな先例を持ち出していた。

「昔と違って、クレディ・スイスの時みたいにそれで隠蔽どうのこうのってないからさ。一杯だったんですいません、ちょっと削っちゃいましたっていう、全部消さなきゃいいからさ、もしくはたまたま消しちゃったという、理屈さえつけば、それで問題ないからさ」

スイスの大手金融機関クレディ・スイスの日本法人は一九九九年、銀行免許取り消しという異例の行政処分を受けている。デリバティブ（金融派生商品）を使った違法性の高い損失先送り商品に関する資料を国外に持ち出し、検査を妨害したというのが、その理由だった。有力外資の国外追放という過去のスキャンダルを意識していたのは、誰よりも金融行政に長けた木村ならではだった。

他方、木村の指示を受けた山口はＩＴ担当執行役の渡辺勝也にメール削除に向けた段取りを要請していた。渡辺は業務委託先の「中小企業IT支援機構」の社員に磁気テープにバックアップしていたメール記録の抽出を依頼した。メールアカウントやパスワードとともに山口に準備の完了が伝えられたのは、立ち入り検査開始を四日後に控えた六月十二日。手順を教わった関本が自席のパソコンを使って二百八十五件のメールを削除したのは検査開始前夜のことだった。直後の十時に始まったPTミーティングに駆けつけた関本は木村に対し「たった今、削除しました」と任務遂行を報告している。

翌十六日に始まった立ち入り検査はいきなりの中断となった。やりとりの録音をめぐって紛糾したためだ。八日後にようやく再開となり、日本振興銀行は本店七階の会議室を検査官部屋に提供したが、ヒアリングへの協力は渋り続けた。検査対応の時間を一日あたり一、二時間に制限し、ひどい時には三十分ほどしか応じないことさえあった。そして、検査官に提出した関本のメール記録には重要な部分が抜け落ちていた。

異様な対立の下で検査が遅々として進まないなか、検査チームからは八月に入り融資企画室の佐藤や小口案件を扱う融資相談室を担当する執行役の黒川貴行ら四人分のメール記録を追加提出するよう求められた。佐藤らは融資企画室の分室が置かれていた「浅草橋フィナンシャルビル」に出向き、都合の悪そうなメールを削除した。融資相談室のマネジャーはパソコン操作に不慣れなため一件しか削除できなかったが、それでも四人が削除したメールの総数は四百三十八件にも上った。

互いに角を突き合わせる格好となった金融庁と日本振興銀行との間の均衡が破られたのは検査

開始から早三カ月が経とうとしていた九月十日のことである。その日、出張先に向かう途中だった西野は急遽呼び戻され、山口とともに検査官との面談に臨んだ。そして、検査チームがメール削除の痕跡をつかんだ事実を突き付けられたのである。

十日前のこと、七月からチームに加わっていたシステム専門検査官は「ケンケンメール」と名付けられたメール保存用フォルダを共有サーバ内に発見していた。佐藤が個人的な整理のため作成したものだったが、そのなかには関本が発信したメールが多数保存されていた。ところが、六月に提出を受けていた関本の記録には存在しないメールが佐藤のフォルダには二十件近く含まれていたのである。

「メールを消したことがばれてしまいました」

検査官から指摘を受けた西野は慌てて木村に電話でそう伝えている。

その日夜に召集されたPTミーティングでは、まず渡辺がメールの抽出や削除の具体的方法を説明した。それを引き取った木村は会議をこうまとめたという。

「ヒューマンエラーでいくしかないんじゃないか」

翌日、西野、山口、渡辺の三人は検査官に対し、「中小企業IT支援機構に抽出を依頼したが、その間に抽出漏れがあったと思う」などと虚偽の弁明を繰り返した。

もっとも、イエスマンの鑑である西野でも内心ではかなり弱気になっていたようだ。数日後、木村に向かって「これでは無理がある」などと虚偽の答弁を撤回するよう進言している。その際、木村は「自白がなければ絶対に大丈夫だから」と逆に西野を怒鳴りつけたという。

木村の金融庁に対する敵対姿勢はむしろエスカレートしていた。メール削除が発覚する直前、日本振興銀行は国を相手取って行政裁判を起こすとの挙に出ている。前回の検査をめぐって木村は執行役会のクーデターを金融庁による謀略と結論付けていたが、それに関する行政文書が存在するはずだとして情報開示を迫ったのである。国を相手取って法廷闘争に打って出た裏に、進行中の検査を牽制する狙いがあったことは想像に難くない。

しかし、メール削除の発覚もあり、時が経つとともに、木村への包囲網はじわじわと狭まっていった。年が明けた二月下旬、日本振興銀行は行政裁判において次のような準備書面を提出している。それを読むと、その頃の木村の焦りがありありと伝わってくる。

「原告（＝振興銀）は銀行業務の中で何等違法行為をしていないにもかかわらず、今現在、金融庁は原告に対して異例の約1年にも及ぶ検査を行っており、原告は日常業務に支障が生じている」（カッコ内は引用者）

「本件情報開示が認められなければ、金融庁の原告に対する将来の検査における裁量逸脱を抑止することができなくなり、ひいては、原告は金融庁から違法な検査をされても、それを甘受するしかできなくなってしまうおそれがある」

「結果的に原告が金融庁から違法な検査に基づいて業務停止処分などを受けるとの財産的損害を被る『おそれ』がある」

もはや、木村の金融庁に対する敵意はヒステリー症状の域に達しており、およそ銀行の振る舞いとしては、常軌を逸したものといわざるを得なかった。

もっとも、この間の金融庁の姿勢に関しては、いかにも腰が引けていたと言えなくもない。電子メールの意図的な削除という明らかな検査忌避行為があったにもかかわらず、その後も検査は日本振興銀行の徹底的な遅延戦術に引きずられ、いたずらに時間ばかりが経過していった。

立ち入り検査が始まって三カ月後、政権交代によって民主党を中心とする連立内閣が発足し、金融庁には新たな政務三役が送り込まれた。大臣には数少なくなった剛腕政治家の亀井静香、副大臣に日本銀行出身の大塚耕平、政務官に財務省出身の田村謙治と、それなりの重量感を兼ね備え、政策にも精通した布陣だった。だが、政権スローガンである「政治主導」が日本振興銀行問題をめぐって発揮された形跡はない。その善し悪しはともかく、問題への対処は検査局と監督局の連携の下、徹頭徹尾、事務方の主導で進められた。

金融庁は早い段階で検査忌避を理由に重い行政処分を下すなり刑事告発に乗り出すなりのシナリオを描いていたともいわれる。日本振興銀行の遅延戦術に付き合ったのは、「生きている銀行」への対処で腰が引けていたばかりではなく、いかにも役人らしい計算の下、検査忌避を示す状況証拠を可能な限り積み上げるためだったともされる。

「金融庁は自らの手で破綻のトリガーを引きたくないのだろう。それで外堀を埋めるやり方をとっているのではないか」

金融行政に詳しい関係者らの間ではそんな見方が広がり始めていた。

結局、金融庁による立ち入り検査は三月十五日まで続いた。通常なら二カ月程度で終わるものが、九カ月もかかったのである。

金融庁が日本振興銀行に対して検査結果を通知したのは四月下旬のことだ。一年前の三月末を基準日とするそれは、中小企業保証機構とアリゾナ・キャピタルに関するＳＦＣＧ債権絡みの保証契約にまつわる問題点や、インデックス・ホールディングスとの間の資金取引が最終的に振興銀への迂回出資となっている疑いなどについて指摘していた。また、振興銀は「機構系」の親密企業群に対する債務者区分を軒並み「要管理先」に分類していたが、金融庁はそれよりも一段階厳しい「破綻懸念先」とすることを求めていた。

金融庁が立ち入り検査によって日本振興銀行の急所を衝いていたことはまちがいない。この頃にはおそらく破綻処理に傾いていたものとみられる。金融庁は二重譲渡問題で利害が対立していた信託銀行に対し、振興銀が破綻した際の影響について聞き取りを始めるなどしていた。

しかし、表面上は外堀を埋めていく戦術に大きな変更は加えられなかった。少なくとも、その後の流れはそうだった。

五月二十七日、金融庁は日本振興銀行に対して約四カ月間の一部業務停止命令を下す。検査忌避や出資法に抵触する取引など七項目に及ぶ重大な法令違反が認められたことが、その理由とされた。これにより、振興銀は大口融資や預金勧誘などを六月七日から停止しなければならなかった。重い行政処分ではあったが、それでも息の根を止めるほどのものではなかった。

その十日前の十七日、日本振興銀行は前期決算を発表していた。金融庁による検査結果を反映して五一億円の最終赤字を計上したものの、自己資本比率はまだ健全な水準を維持しているものとされた。

その日、驚きがあったとすれば、木村が取締役会長の座を降りていたことが明らかにされた点かもしれない。木村は一週間前の取締役会で赤字決算の責任をとり、辞任を表明していた。その前触れとして、一カ月前の四月十三日には側近の関本も取締役を突如辞任していた。

もっとも、表向きの引責辞任とは裏腹に、この段階の木村はどうにか検査を乗り切ったと高をくくっていた節が窺える。それを示す状況証拠がいくつかある。

実は、取締役会長を辞任したあとも木村は「日本橋フィナンシャルビル」に以前と変わらず毎日出社し、中小企業振興ネットワーク全体に目を光らせていた。木村が執務する三階には連日深夜まで明かりが灯っていた。金融庁による行政処分が下った翌日には非常階段を駆け下りてハイヤーに飛び乗る木村の姿が目撃されている。直後に中小企業保証機構のナンバー2である竹下俊弘と、ネットワーク事務局長の松平敏幸が、そのあとを追うようにして拠点間を結ぶ通称「ラッピングバス」に飛び乗り、出て行った。その時、目撃者は神田司町の本店で会議が行われるのにちがいないと思ったという。

先に辞任していた関本にしても、それは金融庁の目を欺くための避難行為だった可能性が高い。四月中旬頃には本店近くの路上を部下の佐藤賢一と並んで歩く姿が目撃されており、その表情は普段と変わらずにこやかだったという。

「銀行を辞めても同じような仕事ができるから今までと変わらない」

木村は関本に対し、そう説明していた。ほとぼりが冷めるまで、しばらく肩書を外しただけだったわけである。

さらにこんな話もある。ある時期から、日本振興銀行は顧問である初代金融庁長官の日野正晴の伝手などを頼りに弁護士や公認会計士で構成する特別調査委員会の設置に向けて水面下で人選を始めていた。公には金融庁による法令違反の指摘について検証することが、その目的とされた。しかし、関係者によると、木村の真の狙いは別のところにあったという。第三者による委員会を設けることで、それを「金融庁に対する盾にできると考えていた」というのだ。面従腹背だったというわけである。

取締役会長を退いたあとも、木村は院政を敷く考えだったにちがいない。

その頃、日本振興銀行はネットワーク傘下の「富士クレジット」を通じて消費者金融大手、武富士のローン債権にも触手を伸ばしていた節がある。膨張戦略はいまだ続いていた。

しかし、決定的な事態は直後に訪れることとなる。

破滅

木村剛と大島健伸が時を同じくして刑事被告人となったのは、二人のもつれ合った運命の帰結として、見えざる手によって最初から仕組まれていたようにも映る。しかし、実際のところ、それはちょっとした偶然にすぎなかった。

金融庁に対する抗戦姿勢をあくまで崩さなかった木村が、自らの身辺に迫る捜査についてどの程度予感していたのかは定かでない。五月三十一日、木村は長年続けてきたブログの更新を突然休止している。それは金融庁への恭順の意を仮装するためのものだったのか、それとも精神的に追い詰められた末の敗北宣言だったのか。いずれにせよ、その時がやって来たのは六月十一日のことだった。

金融庁による銀行法違反（検査忌避）での刑事告発を受け、警視庁捜査二課が強制捜査に乗り出したのはその日の午後四時半過ぎのことである。日本振興銀行の本店や、木村が拠点としていた日本橋フィナンシャルビルには、多数の報道陣が待ち構えるなか、数十人規模で捜査員がどかどかと足を踏み入れ、深夜まで家宅捜索が続けられた。その後も関係先への家宅捜索は断続的に行われている。警視庁新橋庁舎に運び込まれた膨大な押収資料は一千ケース以上を数えたともいわれる。

五日後の六月十六日。同じく警視庁捜査二課は大島にも捜査の手を伸ばした。かねて破産管財人から指弾されていた資産隠しの全容を解明するため、長きにわたる内偵捜査を経て、ようやく強制捜査着手の日を迎えたのである。大島は長男の嘉仁らとともに民事再生法違反（詐欺再生）などの容疑で逮捕された。久松署に移送された大島はその後、全面否認を続けることとなる。

二重譲渡問題で致命的な損害をもたらした大島の逮捕を、木村はどんな思いで眺めたのだろうか。それから一カ月後の七月十四日、木村もまた逮捕される。側近の関本信洋と山口博之にも容疑は及んだ。社長の西野達也に至っては、本店にいるところ、捜査員に任意同行を求められ、報道陣に取り囲まれるなか、警察庁舎に向かうという前代未聞の逮捕劇だった。麹町署に移送された木村もやはり全面否認を続けた。

主だった幹部が根こそぎいなくなったことで、日本振興銀行の統治体制は崩壊した。西野の逮捕に伴い、社長に就任した作家の江上剛こと小畠晴喜にできることなど何もなかった。総会屋事件で揺れた第一勧業銀行で行内改革を叫ぶ「四人組」の一人として小説のモデルにもなり、退職後は自らが物書きとなった小畠だったが、しょせんは支店長の経験しかなかった。広報対策で兜町界隈の情報紙オーナーを頼るという時代錯誤な感覚の持ち主でもあった。

小畠の就任会見に同席し、隣で疲れ切ったように青白い表情を見せ、終始黙りこくっていた社外取締役で弁護士の赤坂俊哉が目黒区内の自宅で首を吊って自殺したのは七月三十一日のことである。

「いずれ分かる」――

死のすこし前、周囲に対し、赤坂はそう呟いていたという。赤坂と木村とは十年来の個人的付き合いがあり、木村の個人会社の問題でも赤坂は法律顧問的な立場を務めていた。

予期せぬ形で社長となった小畠は元UFJホールディングス経営企画部長の弓削裕ら六人を執行役に迎え、経営体制の立て直しを図ったが、すでにその頃には日本振興銀行のバランスシートにはぽっかりと大きな穴が開いていた。木村の頭脳によってすべてが動かされてきた振興銀には自己査定のラインシートさえ整えられていなかったという。

「銀行とは思えないひどい中身だよ」

関係者からはそんな声も漏れ始めていた。

「私も刑事責任を問われるんでしょうか？」

自主再建の断念を決める直前、小畠は関係者への電話でそんな弱音を呟いていたという。木村の暴走を止められなかったことに対する自責の念があったのかもしれないし、それとも、事ここに至ってもなお自らの保身ばかりが気にかかっていたのかもしれない。

九月十日早朝、日本振興銀行は「その財産をもって債務を完済することができない」との申し出を金融庁に対して行った。スポンサー探しは不調に終わった。木村によるワンマン経営の重しが外れた振興銀は行内基準を見直し、あらためて資産査定を行っていた。その結果、二重譲渡問題にかかわる損失を計上したほか、中小企業振興ネットワーク関連の貸出金についてはそのことごとくを貸倒引当不足と判定したのである。

六月末の時点で「機構系」への貸出残高は一三八五億円、ネットワークの「正会員」には九二三億円が流れ込んでいた。ほかにも「準会員」であるネオラインキャピタルグループにも約三五〇億円が貸し込まれており、さらにゴルフ場向け債権の「飛ばし」に使われたとみられる「ファイア」など、「登録会員」や「特別会員」に分類された実体不明のペーパーカンパニーが相当数に上り、それらも含めると、ネットワーク関連の貸出残高はおよそ三五〇〇億円にも達していた。すべての貸出金のうち実に八割を占めるという、あまりに野放図な数字である。それは中小零細事業者のための銀行という当初の理念からはあまりにかけ離れた姿といえた。
その時点で日本振興銀行の債務超過額は一八七〇億円とはじかれていた。自主再建断念の申し出を受け、金融庁は預金保険法第七十四条に基づき、預金保険機構を金融整理管財人に指名し、その管理による処分を振興銀に対して命じた。こうして、日本で初めてのペイオフは発動された。十一万人余りから集めた預金はおよそ五九〇〇億円に上り、そのうち一部カットの対象となる預金者は三千数百人に及ぶことが、この時点で見込まれていた。

金融庁による立ち入り検査が異例の長期にわたっていた間も、日本振興銀行は大手行と比べて二倍以上という高金利の定期預金を募集して、毎月一〇〇億円を上回るハイペースで預金残高を膨らませた。古い人気アニメのキャラクターを使ったテレビコマーシャルを打ち、民放ラジオでは木村自らが出演する冠番組まで始め、振興銀は猛然と預金獲得に血道を上げた。その結果、検査直前に四〇二四億円だった預金残高は、二〇一〇年六月末のピーク時に六一〇一億円へと五割増の急増ぶりを見せていた。

システミック・リスク――
資本不足に陥った銀行を破綻処理するか、それとも救済するかは、システミック・リスクがあるかどうかで決まる。金融システムに影響を及ぼしかねない大規模な銀行であれば、預金保険法第百二条に基づき、首相を議長とする金融危機対応会議が開かれ、実質国有化が決められる。この場合、ペイオフは実施されず、預金は全額が保護される。過去のりそな銀行や足利銀行への対応がこれにあたる。一方、影響がない小規模な銀行の場合、金融危機対応会議は開かれず、破綻処理が行われる。預金は定額保護となり、つまりはペイオフが実施される。

ペイオフを実施するには公平性を期すため同一名義人の複数口座を名寄せする必要がある。銀行は預金者データを磁気テープに保存しており、破綻時にはそれを預金保険機構に持ち込んで、専用システムを使って名寄せ作業が行われる。金融界で想定されてきたのは、金曜日の閉店後に破綻処理に入り、週末を使って名寄せを行い、月曜日の開店時には払い戻しができるようにするというものだ。となれば、名寄せは実務上、約三十時間以内に完了させなければならない。

バブル崩壊後の初期、いくつかの地方金融機関の破綻処理でペイオフ実施が検討されたことがある。しかし、名寄せ作業の実務的な難しさが障害となり、見送られてきたという経緯があった。その後、金融危機が深まると、ペイオフ自体が封印され、それは二〇〇五年に全面解禁されるまで続いた。

実は、預金保険機構がその後に開発した名寄せシステムは地方銀行の中位行クラスまでしか設計上想定していない。二百万口座が処理の限界だとされる。それ以上の規模の銀行は今でも実務的にペイオフによる破綻処理ができないということだ。金融界の事情に人一倍通じている木村がこの事実を知らないはずがない。血眼になって進めた無謀とも思える預金の大量獲得は、「大きすぎて潰せない」という金融界に伝わる皮肉めいた金言を意識してのことだったのではないだろうか。

結局、金融システムに影響を及ぼす規模には遠く及ばなかったにせよ、木村のワンマン経営によってぽっかりと開いたバランスシートの穴はそれでも数千億円の規模に達した。金融のプロフェッショナルと持て囃され、他者以上にそれを強く意識していた木村が最後に残したものは、「草莽の志士」が気高く戦い散った砦の跡ではさらさらなく、得体のしれない臭気ととらえどころのない虚無感ばかりがあたりを漂う茫漠たる金融の廃墟だった。

木村剛が抱えた心の闇

東京・日本橋馬喰町は古くから繊維問屋が蝟集する商売の街として知られる。そんな街並みに半ば強引な形で割り込むようにして建てられたマンション「ノステルコート日本橋」は、浅草橋へと続く大通りからすこしだけ脇に入った場所にある。警察発表によれば、七月十四日の逮捕時、木村剛が居所としていたのは、そこの六〇三号室だった。

インターネット上の募集広告によれば、間取りは一LDKで、広さは四十三平方メートル。玄関を入ると、右手に十一畳余りのリビングがあり、その奥に約六畳の洋室が続く。決して広くはないバルコニーから望むことを許されるのは、どこまでも単調なビル群だけである。

月家賃一四万円のマンションが女性名義で借りられたのは逮捕のすこし前のことだったようだ。木村の個人会社「フィナンシャル」が入り、中小企業振興ネットワークの司令塔となっていた日本橋フィナンシャルビルへは歩いて数分の場所である。木村に長年付き従ってきた金庫番の藤本玉江や、広報担当秘書の尾花典子が宛名となった郵便物もなぜか件のマンションには配達されていた。

「木村さん？　ここはちょくちょく住人が変わるんでねぇ」

管理人はそう言って首をかしげるばかりである。木村がここを居所としていることは、訊かれるまでまったく知らなかったらしい。

毎日のように未明までオフィスに残っていたとされる木村だが、徒歩圏内のマンションで寝泊まりしていることは関係者の間でも意外な事実だった。木村が本来、自宅としていたのは井の頭公園近くの閑静な住宅街にある二階建ての借家だった。知人によれば、日本銀行の職員住宅にいた木村家族がその場所を転居先に選んだのは、二人の息子が国立市内の私立高校に通っていたからだったという。

少なくとも強制捜査開始のごく直近まで、毎日決まって早朝六時半になると、木村がその自宅からタクシーに乗って出社する姿が目撃されていた。ところが、逮捕の前日、報道陣が張り込むなか、前触れもなく引っ越し業者のトラックがやって来て、作業員たちが家財道具を慌ただしく運び出していった。自宅に残っていた木村の妻と息子がその時、姿を見せている。日本振興銀行本店などに家宅捜索が入って一カ月、関係者は連日のように任意聴取を受けていた。逮捕の日がいよいよ迫るなか、木村なりの身辺整理を図ったのかもしれない。

「やっとこの日が来たなという思いでしたね」

木村の暴走を間近で見ていた日本振興銀行の元執行役の一人は過去を反芻しつつ、そんな感懐を漏らした。ただ、ニュース映像で見るかつてのワンマン経営者のやつれた表情には、思いがけなくも、心を痛めたという。

最後の日々、木村は家族とも離れ、殺伐とした都会の片隅で独り眠れない夜を明かしたのだろうか。人前で弱音を吐いたとのエピソードを聞くことがない木村だが、さすがに自らの転落ぶりを直視せざるを得なくなり、後悔や自責の念に苛まれ、あるいは独り狼狽することがあったのかもしれない。

ただし、それはあくまで情況を表す断片的な事実から導かれる当て推量にすぎず、本当のところは木村本人にしか分からない。なぜ、政府のブレーンまで務めた当代きっての金融エリートが、監督当局との常軌を逸した暗闘の果て、誰の目にも明らかに異常な資金還流工作や経理操作に走り、そして、自滅したのか——。それは「心の闇」としか表現のしようがない。

羽田空港を飛び立った全日空機は高度を上げて中部山岳地帯を越えたかと思うと、すぐに降下を始めた。しばらくすると、富山湾の上空に出て、機首を下げながら砺波平野の上を大きく旋回する。神通川の河川敷に延びる富山空港に鈍い衝撃とともに着陸すると、あたりにはのどかな景色だけが広がっている。

木村の実家は富山市の中心部から東に四キロほど行った天正寺地区にある。田園地帯が高度経済成長期を経て無秩序に宅地化され、幹線道路のところどころに、誰もが名前を知っているような全国チェーンのロードサイド店が立ち並んでいる。日本の地方都市ならどこにでも見られる光景である。

立山連峰の雪解け水が日本海に向かって勢いよく流れる用水路を背にして立つ実家は、木村が国立富山大学附属中学に通う十四歳の時に新築された。ブロック塀が四方を囲み、裏庭には緑が繁る。居宅は木造瓦葺き二階建て広さ百六十八平方メートルと立派なものだが、日本有数の持ち家率を誇る富山県では目を瞠るほどのものでもない。不動産登記簿を見ると、住宅ローンを組んだ形跡はなく、自己資金で賄われたものとみられる。

木村が逮捕されて間もない七月下旬の夕刻、その実家を訪ねると、引き戸が開けっ放しになった玄関の奥からテレビの大音量が外に漏れ出していた。ふと、横を見ると、子供用のマウンテンバイクが二台置かれている。何度も呼びかけると、バタバタと足音を響かせて現れたのは短パンにTシャツ姿といった出で立ちの木村の弟だった。木村と同様、やはり富山市内の進学校に進み、地元の北陸銀行に勤めている。しかし、こちらが来意を告げ終わらないうちに、木村の弟からは「けっこうです。めんどくさいから」と言われ、人懐っこい風貌とは裏腹に、軽く右手で追い払われて、とりつく島もなかった。

この一カ月ほど前、やはり実家に木村の母を訪ねた際も似たようなものだった。何度かの呼びかけでようやく玄関正面の格子窓に現れた木村の母は小柄で、短めに整えられた白髪、それに薄化粧をしていた。切れ長の目はかつての隣近所で聞いた勝ち気な性格を物語るようでもあり、母子の血の濃さを感じさせるようでもあった。木村の母はこちらの質問に対し、怪訝な表情を隠すことなく、「分かりません」とのつれない返事ばかりを返してきた。そして、最後には「お引き取りください」と強い口調で遮られる始末だった。これではやむなく退散するしかない。

高度経済成長期を駆け抜けた木村の父にとって、かつての田園地帯に立つこの二階家は、自らの人生を意味づけられる、ある種の到達点だったのではなかっただろうか。戦災から立ち上がり、復興を成し遂げ、生活にも余裕が生まれ、そして、三世代六人が住むにはすこしばかり手狭になった市街地から、モータリゼーションによってぐっと引き寄せられた郊外へと、広々とした住居を求めて移り住んだのは、その頃の日本人が追い求めた典型的な幸せの上昇階段だったように思える。

木村の父は大手メーカーを相手に耐火物や電気機器などを販売する中小商社「菱光商事」に人生の半分以上を捧げた。三菱商事の流れも汲むという同社の創業は一九五八年十二月のことである。木村の父はその翌年の九月、五番目の社員として入社したから、ほぼ創業メンバーといえた。かつて上流の神岡鉱山から流れ込んだカドミウムを運び、イタイイタイ病を蔓延させた神通川、その西岸に広がる富山大学のキャンパス近くに本社を構えた菱光商事はそれなりに右肩上がりの軌跡を描き、売上高は四〇億円を超え、社員も四十人余りを数えるまでになっている。耐火物部門の責任者だった木村の父は取締役ともなった。

一九九五年五月に定年退職したのち、木村の父は「コーリョー」という屋号の有限会社を自宅で立ち上げて会社勤めの頃に築いた人脈を頼りにささやかな商売を始めた。かたわら、富山市内の小さな工具問屋「広野商会」で相談役も務めている。菱光商事の株式を四パーセントほど持っており、退職後も株主総会には毎年出席を続けたという。とはいえ、その人生は一般的なサラリーマンの範疇をはみ出すほどのものではない。現に木村の母も短い問答のなかで「お父さんは仕事のことはほとんど話さなかったけど、サラリーマンでした」と語っている。

一家の大黒柱として寡黙に会社勤めを全うし、その成果として人様に恥ずかしくない持ち家を郊外に建てた父親の人生を、木村はどう見ていたのだろうか。周囲に対し、木村は父子の間でわだかまっていた確執めいた話をすることもあったらしい。だが、二〇〇五年七月に七十二歳で父が他界した際、木村はその話からは少々異なる行動をとっている。喪主となった木村は地元紙の『北日本新聞』に一際目立つ黒枠広告まで出して、父の死を弔ったのである。同紙の死亡記事に添えられた木村の肩書はその時、日本振興銀行の取締役会長ではなく、『フィナンシャルジャパン』の編集長となっていた。

地元紙に掲載された黒枠広告は木村の父の足跡からすると、すこしばかり分不相応に感じられる。それが、父に対して多大なる哀悼の意を表すものだったのか、それとも木村が自身の虚栄心を充足させるためだったのかは、解釈次第でどちらにでも取れる。

まちがいなく言えるのは、木村という人物はどうにも複雑な精神の持ち主だということである。これは木村と接点のあった多くの関係者が一致して語るところだ。木村は挫折らしい挫折を経験したことがないから、劣等感やルサンチマンといったものを抱えていたわけではない。とにかく複雑なのだ。周囲に対し、木村が本心を見せることはなかった。木村が腹を割って話す場面に遭遇した関係者はほぼ皆無だ。二人きりで酒を酌み交わしたという人間にはついぞ会えずじまいである。

高度経済成長を経て実現した豊かな時代に生まれ育った木村は自身の到達点をどう見据えていたのだろうか。父親世代なら誰もが羨む日本銀行という安定した職場で大過なく定年を全うする道を捨てたのだから、木村は父親と異なる何かを目指したのだろう。自らを奮い立たせるようにして、最後、日本振興銀行という暴走機関車を駆って突進していった先に、木村は何を見ようとしたのか。

木村が金銭的な欲望を求めていたとはどうしても思えない。

確かに木村は二〇〇九年の秋以降、個人名義の日本振興銀行株を売却している。内実はともかく表面上は好業績を装っていた振興銀の増資割当価額は右肩上がりを続け、当時のそれは一株三〇万円前後に達していた。その水準を当てはめれば、木村名義の株式は三〇億円余りに相当したことになる。すべてを売却したなら取得時に突っ込んだ数億円を大きく上回る計算だ。ただ、売却先は「ＤＭＤ　ＪＡＰＡＮ」など木村の個人会社が大半だったともされるから、名義の付け替えにすぎなかった可能性はある。

また、木村はシンガポールに「ナレッジフォア・アジア」という会社を二〇〇七年十一月に設立登記している。現地の登記資料を見ると、投資関連事業を謳っており、形の上ではフィナンシャルの全額出資によるものだ。役員など氏名が記載されている日本人は木村だけで、残りの三人は現地の法人設立サービス業者とみられる。木村自らがシンガポールに渡り、そうした類の関係者と接触していたとの証言がある。他方でスイスに本拠を置くＵＢＳグループのシンガポール法人の関係者が来日した際、木村と会っていたとの話も聞かれる。日本国内から資金を逃避させる考えがあったのかもしれない。

しかし、そうした事実があるにせよ、木村が多額の個人蓄財を成していたとの話は聞かれない。何より木村の生活が派手になったという話すらないのだ。自宅は借家だし、逮捕間際に借りたマンションも大した物件ではなかった。出社時に毎朝利用していたタクシーは料金が安いことで知られる業者のものである。そこらあたりは、超が付くほどの豪邸に住み、金持ちでも滅多に見ることができない高級車を乗り回していた大島健伸とは明らかに異なる。大島を支配していたのは、個人的な飽くなき金銭欲、それに尽きる。

であれば、木村はなぜあれほどの常軌を逸した経営に走ったのか。木村ほどの頭脳があれば、数億円程度なら、もっと洗練されたやり方で難なく抜くこともできたはずだ。にもかかわらず、木村が没頭したのはあまりに粗雑なやり方だった。電子メールの削除をめぐる行内電話でのやりとりはすべて通話ログがハードディスクに残っており、捜査の決め手ともなった。そして、最後は違法行為に問われ、巨額の損失だけを残した。

木村の人間性がある時点で正常な判断力を失うほどに変わってしまったわけでもない。むしろ一貫していたともいえる。最初から最後まで木村は正気を失ってはいなかった。少なくとも関係者はおしなべてそう見ている。

日本振興銀行で社外取締役となった自民党衆議院議員の平将明や、同様に顧問を引き受けていた東京証券取引所元常務の長友英資によると、木村はほかの社外取締役の話に一切耳を貸さなかったわけでもなかったという。

「江上（剛）さんは議長だし、木村さんにけっこうきついことも言ってたよね。これはダメとか、これは取り下げろとか」

平はそう述懐する。

もっとも、結果において社外取締役が木村のイエスマンに成り下がっていたことは否めない事実である。ただ、まごうことなきワンマン経営者だった木村が、関本信洋や西野達也ら部下に対する時と、社外取締役に対する時とで、かなり異なった態度を見せていたことは、正気を失っていなかった一つの傍証のような気がする。むしろ、木村の狡猾さを垣間見るようでもある。

中小企業振興ネットワークの元若手幹部は木村から受けた初対面の印象を「ピュアな人だな」と感じたという。これと似たような印象は、「男気」といった別の形容詞に置き換えて、ほかの関係者も共通して抱いていたものだ。人によっては「キモイ」と感じさせるほど、木村は熱い人間として終始振る舞っていた。しかし、木村から具体的に指示されることのほとんどは迂回融資や迂回出資といったルール軽視の行為ばかりだった。

前にも紹介した木村の著書『金融維新』の最後にこんなくだりがある。

「このプロジェクトは、日本復活のための狼煙をあげるプロジェクトである。そして私は、このプロジェクトに自分のレピュテーションを賭けている」

同書が刊行されたのは「プロジェクト」である準備会社が銀行免許の予備申請を行った直後の

二〇〇三年九月である。ひょっとすると、木村は自らのレピュテーション――この場合は「名声」というより単に「評判」と訳すほうが正確かもしれない――を守りたかった、ただそれだけだったのではないか。

資本金集めに苦労した日本振興銀行は開業前に計画を断念してもおかしくなかった。しかし、それでは落合伸治を「男」と持ち上げ、マスコミを敵に回して大見得を切った木村の評判に傷が付く。そこで、木村は自身で多額の資金を投じた。執行役会で自らの経営方針に異が唱えられたことは自信家の木村にとって恥辱的なことだった。それが単に部下だけによる反乱では役不足だ。金融庁という権力を仮想敵に仕立てなければ、木村の名が廃る。SFCGとの二重譲渡問題が明らかになった時、素直に経営を降りる選択肢もあった。しかし、もはや引くに引けず、かつ木村には失敗が許されない。最後は目的のために手段が選ばれることはなかった――。

たった一人のレピュテーションという他人にとってはどうでもよく、また、本人にとってもそれを損なうことがどれほどの痛手になるのか皆目分からない曖昧な代物のために、数千人規模の関係社員、そして十万人を超える預金者が巻き込まれていたのなら、背筋にぞっと走るものがある。ただ、そうとでも解釈しないと、表面的にはプラグマティスト然とした木村が持つ矛盾に満ちた裏の顔を理解する糸口すらつかめそうにない。木村でしか理解できない高みで、すべての所業は計算ずくだったのだろう。

「成功する秘訣は、成功するまで続けることだよ」

それが木村の持論だったという。

これまで多くの場合、経済事件の裏側にあったのは、金銭的欲望や出世欲、保身、借金苦など、ある意味で分かりやすい動機だった。そこに通底するのは人間の弱さである。だから、不正に手を染めた者の心情が多少なりとも理解できた。弱さは誰もが持っているからだ。しかし、木村に弱さを見ることは難しい。そこに際立っているのは刺々しい固い殻で覆われた「個」である。だからこそ、逮捕後に部下が次々と容疑を認めたなかでも長期にわたり否認を続けていられたのだろう。

すべてが終わった今、主役がいなくなったその場には、後味の悪さばかりが、無造作に置き去りにされている。

エピローグ

ＳＦＣＧを始めとする商工ローン・消費者金融業界が総崩れとなり、その逆張りで日本振興銀行がローン債権買い取りビジネスに猛進していった反対側では、一種異様なバブルが急速に膨れ上がっていた。

二〇〇六年一月の最高裁判決後、過去に払いすぎたグレーゾーン金利は兆円規模で債務者の許に逆流を始めていた。そこで特需に沸いたのが、債務整理を専業とする新興の法律事務所や司法書士事務所の一群だった。

電車の車内にはそうした事務所の広告が溢れ、マンションの郵便受けにまでチラシが放り込まれていることも珍しくない。消費者金融業者と入れ替わるように、債務整理を呼びかけるコマーシャルがテレビ画面を占拠し始め、それらは決まって清潔感を前面に押し出したトーンで彩られている。

ある時期からそうした広告の一部ではこんな呼びかけが始まっていた。「過払い金返還請求が曲がり角に来ています。明日では、もう、遅いかもしれません」――。早くしなければ、請求先の業者が倒産してしまい、取りっぱぐれるというわけだ。

「もともと二〇兆円あるといわれている。そのうち二兆三〇〇〇億円が逆流した。サラ金潰れたって当然ですよ」

消費者金融大手の武富士が会社更生手続きを申し立てる五カ月前、「法律事務所ＭＩＲＡＩＯ」を率いる西田研志は過払い金マーケットについてそんな見積もりを披露し、ＳＦＣＧやロプロに続く大手の破綻を当然のことであるかのように予言してみせた。

新興事務所のなかでも最大手とされるのがＭＩＲＡＩＯだ。東京・赤坂の最新鋭ビルに瀟洒なオフィスを構え、擁する職員は派遣スタッフも含め数百人にも上る。それらをわずか十数人の弁護士が切り回す。全国から集まる依頼件数は二十万件近くにも上る。法人化していない個人事務所ながら年間売り上げは実に一〇〇億円に達するという。電通を代理店に起用し、人気ニュース番組のコマーシャル枠をごっそり買い取るなど、投じる広告宣伝費は年間でざっと三五億円にもなるとされる。

西田は一九四九年に長崎県で生まれた。一橋大学を卒業後、日商岩井勤務を経て、司法試験に合格、四十歳を目前にして司法修習を終え、弁護士となった。いってみれば遅咲きである。大宮市内にあった個人事務所での二年ほどのイソ弁修業を終えて転じた先は共産党系で知られる都内でも下町の法律事務所だった。所属弁護士が十人以上を数える地域では中核的な事務所である。

西田は大学時代に南米アマゾンを探検した持ち前の行動力を生かし、フィリピン残留孤児問題に取り組むなど、人権派の弁護士として活躍した。

しかし、ある時を境に西田は共産党系の弁護士仲間から独り距離を置くようになる。本人は「粛清された」と話すが、その詳細については明らかにされていない。以後、西田は「クレサラ弁護士」や各地の弁護士会など共産党系の同業者を徹底的に敵視するようになる。

独立開業したのは弁護士登録八年目、一九九四年のことだった。しかし、事務所を開いたものの、仕事はなかなか入らない。本人曰く「このままいったらジリ貧ではないかという危機感」を抱くほど、一時は追い込まれた。そんな西田を債務整理の世界に導いたのは同じ一橋大学出身の先輩弁護士、桑原時夫だった。

東京・道玄坂の税理士事務所を間借りしていた桑原はある相談をきっかけに一九八六年から債務整理事件に取り組んでいた。最初は手探りだったようだが、次第にそのやり方はシステム化されていった。「パラリーガル」と呼ぶ事務職員を大量に雇い、コンピューターを導入して顧客データの管理を徹底し、少人数の弁護士で大量の件数を捌いていくのである。JR中野駅前に移転した自前の事務所では最盛期、正社員八十人、アルバイト二十人を数えるほどになった。受任件数は十六年間で二万二千件、取り扱った債務金額は一五〇億円に上ったとされる。

しかし、桑原はやりすぎた。「民主共済会」なる政治団体への関与が弁護士会に睨まれたのである。一九九四年に設立された民主共済会は相談に来た多重債務者を提携弁護士に取り次いでいた。その見返りに提携弁護士は寄付を行うのである。桑原の寄付も三年間で四五〇万円に上っていた。弁護士会はこれを「非弁提携」とみなした。整理屋の横行や紹介屋のピンハネにもつながる「非弁提携」は弁護士法で固く禁じられた行為だ。事実、民主共済会には問題人物がたむろしていた。一人は十数年前に詐欺罪で実刑判決を食らった元弁護士、さらに受任業務を放擲して行方不明となる弁護士までいた。

二〇〇二年六月、ついに桑原は弁護士会から退会命令を受ける。この時、西田は弁護士会による懲戒審査において桑原の代理人を務めていた。弁護士会側の追及は執拗だった。翌年三月には顧客資産の流出を理由として約二十人からなる弁護団により債権者破産まで申し立てられ、桑原は完全に息の根を止められてしまったのである。申し立て弁護団のなかにはのちに日本弁護士連合会会長となる宇都宮健児もいた。

西田が桑原のやり方を模倣して本格的に債務整理に取り組み始めたのは二〇〇一年十月に事務所名を「ホームロイヤーズ」へと改称してからである。直後に先駆者が業界から追放され、しばらくは苦しい経営が続いたが、例の最高裁判決が神風となった。過払い金返還を求める債務者は続々と西田の許を訪れた。地下鉄の広告やラジオでのコマーシャルなど、大量の宣伝ができめんに効果を発揮した。長く禁じられてきた弁護士広告だったが、公正取引委員会に措置請求まで行い、解禁させていたのは西田自身だった。

事務所の売り上げは見る間に急増した。あとに続く「アディーレ」や「ＩＴＪ」といった新興事務所も勢力を拡大し、「御三家」と呼ばれるようになる。『サルでもできる弁護士業』など西田の著書はベストセラーにもなった。二〇〇九年十月、西田は「未来を」とのスローガンをローマ字表記した新たな事務所名を掲げ、麹町の手狭なビルから赤坂の最新鋭ビルへと勇躍進出したのである。

白を基調とするMIRAIOの広々としたオフィスは多重債務者が相談に訪れるにはあまりに豪勢なつくりだ。そのちぐはぐさには否応なくバブルを感じさせられる。

カネがあるところ、トラブルは付きものだ。西田の事務所にそれが持ち上がったのは二〇〇八年のことだった。

その年の七月十五日、西田の許を五十代の女性経営者が訪ねている。訪問の目的は商標権をめぐる権利関係の解決だった。「ホームロイヤーズ」の商標が特許庁に出願されたのは三年前、さらにその五年前には「HOME LAWYER」の商標が出願されていた。出願は西田を含む計四人によってなされていた。過去に関西で婦人下着販売を手がけ、その後、上京して知的財産関連の会社を主宰していた件の女性経営者も共同出願者の一人だった。

女性経営者は訪問の五カ月ほど前から西田に対して商標権の買い取りを求めていた。しかし、交渉は平行線を辿り、この日は苛立った女性経営者がついに直談判に及んだ格好だった。要求額は五億円と大金だ。

ところが、この日の西田は気前が良かった。面談からわずか一時間後、西田は女性経営者に対して五億円を送金する手続きをとったのである。

しかし、西田の態度はまたしても豹変する。三カ月後、こんどは五億円の送金が恐喝による被害だったと言い立て始め、そして、刑事告訴の動きまで見せたのだ。
二転三転した西田の態度は腑に落ちないが、そもそもなぜ当初渋っていた態度を変え、いともたやすく五億円もの大金を渡したのだろうか。問題の送金手続きがとられた日、女性経営者が事務所を去った三十分後に西田はこんな電話をかけている。

女性経営者「もしもし」
西田弁護士「西田です」
女性経営者「先生、先程はどうも、何か」
西田弁護士「気持ちよく振り込みました」
女性経営者「こちらこそ」
西田弁護士「今やったから。全部。明日の午前中つくと思いますよ。きっちり5億円耳そろえましたから」
女性経営者「わかりました」
西田弁護士「ありがとう」
女性経営者「いえ、こちらこそ」
西田弁護士「だから、あの、状況証拠ね、その書類もしあったらお届けいただいてもいいし」
女性経営者「はい、では、明日5億円振り込みという事でありがとうございます」

西田弁護士「確認したら、やってください」
女性経営者「わかりました」
西田弁護士「本当迷惑かけました」
女性経営者「とんでもありません」
西田弁護士「今後とも」
女性経営者「今後ともよろしく」
西田弁護士「本当に、本当」
女性経営者「はいわかりました」
西田弁護士「どうもありがとうね、失礼します」
女性経営者「失礼します（ヤッター）」

二人の争いはその後、民事裁判に持ち込まれたが、この電話記録は西田側が証拠提出したものである。女性経営者の最後の快哉は、通話終了間際、携帯電話の向こうで思わず叫ばれたものが録音されたということらしい。一読して分かるが、全体のやりとりはおよそ恐喝のイメージからはほど遠い。会話のなかでカギとなりそうなのは、西田が口走った「状況証拠」なる意味深長な言葉である。

実は女性経営者は五億円を要求する過程で、ホームロイヤーズの二〇〇五年決算をめぐるある問題を取引材料にしていた。その年、西田の事務所では顧客から預かった仮受金の額に対して手元の現預金の残高が大幅に下回る月が続いていたというのである。

業者から返還された過払い金など仮受金は本来、事務所運営費とは別に管理すべきものだ。関係者によれば、仮受金と現預金の差額分は事務所の先行投資などに流用されていたという。中国における企業法務サービスの拠点整備や、弁護士向け雑誌の創刊費用など、西田の浪費癖はとどまるところをしらなかった。元事務所職員が作成した文書によると、ひどい月には仮受金に比べて現預金の不足額がおよそ一〇億円にも達していたとされる。

電話のやりとりのなかで西田が女性経営者に対して「お届けいただいてもいい」とした「状況証拠」は、問題経理に関するものだったと考えるのが自然だろう。となれば、トラブルの大本は西田による杜撰な事務所運営にあったということになる。

前出の関係者によれば、西田の運営の仕方は「ワンマン」の一語に尽きるようだ。経理事務は特定の女性秘書に仕切らせており、職員の定着率は極端に低いという。二〇〇七年の夏には一時、弁護士法人化の話も持ち上がったが、数カ月後に西田の心変わりで白紙撤回された。これに嫌気した所属弁護士は大量に離職し、競合事務所の旗揚げに動いた。

同時に西田を長年支えた側近幹部も次々と去って行った。業務のＩＴ（情報技術）化を推進し、事務所の顧問も務めていたシステム開発会社の社長がいた。個人事務所のため信用力に乏しい西田に代わって金融機関から融資を受け、事務機器リースの連帯保証もしてくれるなど、長年にわたり側近を務めた人物で、焦点の商標を出願した一人でもあった。しかし、西田は社長の会社との契約を突然打ち切った。同じ頃、一橋大時代からの知人で広告代理店とのパイプ役を務めていた幹部も追い出している。五億円問題が起きた二〇〇八年の秋ともなると西田の周りから側近たちは皆いなくなってしまった——。

過払い金バブルにはどこか危うさが感じられる。何かが狂っている気がしてならないのである。MIRAIOの内部で進行している事態はまさにそれを象徴しているような気がして仕方がない。西田が敵視する弁護士会、その頂点に君臨する日本弁護士連合会は過剰な広告の規制に乗り出すなど、新興事務所を牽制する動きを強めている。日弁連会長ともなった宇都宮を始め、古くから多重債務者問題に取り組み、債務者に寄り添うことを旨としてきたクレサラ弁護士から見ると、パラリーガルを使って大量に件数を捌く新興事務所のやり方は邪道であり、脅威でもある。他方、新興事務所からすれば、クレサラ弁護士のやり方は効率が悪くて古くさいということになる。

両者の対立は多分に勢力争いの要素を含んではいる。ただ、弱者が心強い味方と期待を寄せる弁護士業界の内部でそうした一触即発の対立が醸成され、怨念さえ渦巻いていること自体、過払い金バブルを目の当たりにした時の居心地の悪さを物語っている。

＊＊＊

数々の上場企業を輩出し、一方で会員企業が相次ぎ不祥事を起こすという波瀾万丈の十年史を刻んだ「日本ベンチャー協議会」を主宰した天井次夫によれば、今の日本で成功するのは「他人《ひと》犠牲の経営者」ばかりなのだという。誰もが成長のパイに与ることができた右肩上がりの時代はとうに過ぎ去り、勝ち組・負け組で表されるような限られたパイを奪い合う時代が定着してしまった。そうした世界では、相手を貶め、出し抜き、ひどい場合には騙し、傷つけられるような人間ほど成功を収めがちだという。起業家たちの裏も表も見てきた天井だけに「他人犠牲の経営者」という造語は妙な説得力がある。

戦後の日本社会ではずいぶんと個人主義が幅を利かせるようになった。昔々の家父長的な血縁主義は悪の権化としてこてんぱんに破壊され、急激な都市化・郊外化で共同体的なものも崩壊し、かといって大半が無宗教、そんな日本では欧米にない独自の個人主義が発展を遂げたように感じられる。大から小まで人々の関心の対象はいかに個人に利益がもたらされるかだ。右肩上がりの時代には社会と個人がそれぞれ得る利益はそれなりに調和がとれていたように思える。しかし、今日、人々は何ら疑問を感じることなくひたすら個人益を求め、それゆえ半径五十センチの世界にしかもっぱらの関心は向けられない。

在日コリアンから日本に帰化したという一族の血を引きながら、恵まれた家庭に育った大島健伸には、底辺から這い上がろうとする切実な同胞意識に支えられた特有の上昇願望を感じ取ることができない。肌合いが異なるのだ。その行動原理はどこまでも個人主義的だった。根無し草的な出自は唐の大丞相の末裔という一種の選民意識に昇華され、曲がり角をすぎた日本社会の変容のなかで、その個人益を追求する姿勢はより純化されていったようにも映る。借り手を慮ることなく、社員を絞り上げ、自らの蓄財にとらわれた姿は「他人犠牲」の典型例として日本人以上に日本人的だった。

不良債権処理という片方の側に多大な犠牲を強いる問題で一躍台頭した木村剛も同じ文脈のなかで語ることができるのかもしれない。当時、木村が図抜けて優秀で正しいことを言っていたとは思えない。木村が声高に叫んだのは正面突破論にすぎなかったともいえる。しかし、多くの当事者や有識者は正解を知っていても強くは言い出せなかった。弱者への同情論を雑音と切り捨てられる人間を時代は要請していたのであり、そこにたまたま木村が合致したにすぎない。そして、木村は若手論客の筆頭格として政権のブレーンに起用されるというまたとない成功を得た。

理論や理屈を掲げることを生業とした木村は「ミドルリスク・ミドルリターン」という空理空論を追い求め、次には日本振興銀行へと深入りしていった。だが、そこではもがいただけに終わり、多くの人を傷つけ、たった一人のために惨憺たる結末がもたらされた。こんどは時代の要請がなかったからにすぎない。成功も失敗も、木村の本質が招いたものに変わりはない。レピュテーションという個人益を追求した木村は終始一貫していたのではなかろうか。

大島も木村も閉塞的な情況が産み落とした時代の寵児だったといえる。そしてこんどは二人を弄ぶかのように、かつてない巨大な資金の逆流が起きた。強者は弱者に変わり、弱者は強者――正確にはその権利を振りかざすことのできる代理人――に転じた。そうして、新たな時代の寵児が誕生する。時代の大きな流れが変わったわけではなく、偶然性の匙加減により勝者と敗者を分ける諸々の条件が変わっただけだ。個人益が追求された結果、成功を収める者が得てして「他人犠牲」を厭わない人間であるという図式に基本的な変化はない。

おそらく木村にしろ大島にしろその転落が世間から同情を集めることはないだろう。それは二人が異質な存在だからではなく、時代がそうした空気に満ちており、二人もそうした時代の一要素にほかならないからだ。通勤通学の電車で人身事故に遭遇した際、その不幸な身の上に対し誰も想像を働かせようとしないのと同じである。ともすれば人々は自らのちっぽけな不運を嘆きがちだ。持てる者と持たざる者、勝者と敗者が背中合わせのこの社会に多くの人々が不満を抱きつつも、その不満さえもが豊かさのなかで消費されていく。変革の気運はひどく乏しい。息苦しいけれども、物質的に満ち足りてはいる。

そんな時代を日本人はいつまで続けることができるのだろうか。

あとがき

逮捕勾留から五カ月近くを経た二〇一〇年十二月八日、日本振興銀行の木村剛元取締役会長は保釈保証金一〇〇〇万円を納付して保釈された。翌日午前九時半から東京・霞が関の司法記者クラブで木村元会長は記者会見に臨み、自らの経営責任について一定の謝罪を表明した。傍らで同席していたのは人権派で知られる弘中惇一郎弁護士。ロス疑惑の故三浦和義氏や、無罪判決を先頃勝ち取った村木厚子元厚生労働省局長、さらには政治資金規正法違反に問われた民主党の小沢一郎元代表の弁護人などで知られる今最もやり手の弁護士である。

自らの不明を恥じるしかないのだが、私は会見予定を完全に落としていた。インターネットの速報で知り、弘中弁護士に電子メールを送った。会見を開いた意図を探るため、せめてやりとりの要旨を知りたかった。あらためて木村元会長本人に取材を申し込む適当な機会とも考えた。弘中弁護士からはすぐに返信があった。しかし、回答は短く、つれなかった。記者の質問に答えただけなので要旨を伝えることは不可能、公判を控えているので取材も不可――そんなところである。

ちょっとした裏話がある。

会見は前日夜に弘中弁護士の事務所からクラブの幹事社に連絡が入ったことにより開かれたが、

業界用語で言うところの「シバリ」がかかっていた。クラブ加盟社以外、つまり雑誌やフリーランスの記者は参加を認めないとの条件が弘中弁護士側から付けられていたという。ある報道機関は木村元会長の保釈を伝える記事原稿で会見の予定にも触れていたが、「シバリ」が伝わったことで当該箇所を急遽削除したそうである。

当日の会見は一時間余り。出席した記者によると、その注目度に比べ会見室の雰囲気はひっそりとしたものだったようだ。「シバリ」の理由は定かでないが、会見がものものしい雰囲気となり、ある種の興奮状態に陥ることを避けたかったのかもしれない。

〈シバリねぇ……〉

一連の出来事に接して甦ってきたのは、エピローグまでを書き終えた時点で感じたのと同種のやりきれなさだった。ここではその中身に立ち入ることはあえて繰り返さない。

私が日本振興銀行の乱脈経営に大きな関心を抱いたのは、SFCG破綻から一カ月ほど経った頃だった。ローン債権の二重譲渡問題が囁かれ始めていた。振興銀の不可解な振る舞いについては以前から気にかかっていたが、先達者の熱心な報道もあり、指をくわえて見守っていただけだった。しかし、ローン債権の二重譲渡となると前代未聞であり、知らぬ間に振興銀の図体もずいぶんと大きくなっていた。直感的に一大スキャンダルに発展するにちがいないとピンと来た。

関連記事については同年春以降、『日経ビジネスオンライン』『金融ビジネス』『週刊東洋経済』『文藝春秋』などで折に触れ書いてきた。ただ、一方で総じて言えるのは、日本振興銀行をめぐる問題はその重要性に比べて媒体の「受け」が極めて悪かったということである。要するにあまり誌面が割かれなかったのである。早くから報道が大量に行われていれば、二〇〇九年春以降の展開は大きく違っていたのではないか。損害も少なく済んだはずであり、忸怩たるものがある。

「受け」の悪さには業界に巣くう呪縛ともいえる理由がありそうなのだが、それはあくまで個人的な仮説であり、特定領域に限定される話でもあるので、機会があればその時に詳細は譲りたい。それよりも憂慮すべきは背景にある雑誌ジャーナリズムの劣化だ。過度のマーケティング志向と、名誉毀損訴訟の頻発・高額化による萎縮とが、そこには横たわっていると思う。

前者に関していえば、新聞やテレビに先んじてゲリラ的な報道で最前線を切り開くべき雑誌ジャーナリズムが、最近ではテレビの高視聴率番組にぶら下がった企画を盛んに行っている体たらくだ。商業的に回っていかなければ、ジャーナリズムも成立しえないのは事実だが、現状はあまりに汲々としていて、過剰だ。

後者については、「悪貨は良貨を駆逐する」の類の致命的敗訴が、近年、「SLAPP訴訟」（＝報道牽制が目的の恫喝的な訴訟）を誘発している面もある。結果、とりわけ企業に関するネガティブな記事は訴訟リスクが高いため避けられる傾向にある。反面、政治家叩きや官僚いじめは訴訟リスクが低いため、おもしろおかしく安直に行われやすい。

昨今は日本社会の劣化が叫ばれるようになっているが、私が拠り所とする雑誌ジャーナリズムはそれを押しとどめる役割を果たしていないどころか、後押ししているような気さえする。

世はニュース解説が花盛りである。悪い傾向ではないが、複雑化する世の中を分かった気にさせている嫌いはないか。分かるほどに分からないことが見えてくるのが現代社会だと思う。大切なのは分かることではなく、分かろうとする永続的な営みだろう。そこでは検討の材料ができるだけ多く必要なはずだ。だから、この先の目標を訊かれれば、「社会のドブ浚いを続けたい」と私はいつも答えている。汚物にまみれ時に傷ついて社会に埋もれた何かを拾い上げ続けるのが、その使命である。そういう底辺を支える「3Kジャーナリスト」がいなければスマートなニュース解説業も成り立たないはずだと自負している。

本書の本文中では煩雑さを避けるため敬称を略させていただいたことをお断りしておきたい。同様の理由から、企業名など固有名詞に関しては事柄が起きていた当時のものに統一するよう努め、旧称や現在の名称について付記することは必要最低限にとどめている。

いつものように、本書ができあがるまでには数多くの関係者による取材協力があった。ジャーナリズムの現状に愚痴を書き連ねてきたが、使命感に溢れる意欲ある記者・編集者が現場にはまだまだ大勢いるのも確かであり、そうした同志の助けがなければ、泡沫のフリーランスが一冊の本を書き上げることなど不可能だった。そのいちいちについて名前を挙げることはしないが、この場を借りて厚く御礼申し上げたい。

二〇一一年一月

高橋篤史

主要参考文献

生野区創設十周年記念事業実施委員会編『生野区誌』生野区、一九五三年
長田昭『アメ横の戦後史　カーバイトの灯る闇市から60年』ベストセラーズ、二〇〇六年
織坂濠『時価革命　かくて日本的経営は消滅する』徳間書店、一九九八年
尾津喜之助『新やくざ物語』早川書房、一九五三年
尾津豊子『光は新宿より』K&Kプレス、一九八八年
木村剛『金融維新　日本振興銀行の挑戦』アスコム、二〇〇三年
木村剛『竹中プランのすべて　金融再生プログラムの真実』アスキー・コミュニケーションズ、二〇〇三年
在日本大韓民国民団大阪府地方本部『大阪韓国人百年史　民団大阪60年の歩み』在日本大韓民国民団大阪府地方本部、二〇〇六年
塩満一『アメ横三十五年の激史』東京稿房出版、一九八二年
JTB『時刻表復刻版　戦前・戦中編』JTB、一九九九年
台東区史編纂専門委員会編『台東区史　通史編3』東京都台東区、二〇〇〇年
財部誠一、織坂濠『不良債権危機　バブルの毒いまだ消えず』PHP研究所、一九九四年
財部誠一、織坂濠『金融のゆくえ　デリバティブを制するのは誰か』総合法令出版、一九九五年
東京都台東区『台東区史』東京都台東区、一九五五年
東郷民安『罠　殖産住宅事件の真実』講談社、一九八六年

富山県『富山県史　通史編7』富山県、一九八三年
富山市史編さん委員会編『富山市史　通史』富山市、一九八七年
富山大学年史編纂委員会編『富山大学五十年史　上巻』富山大学、二〇〇二年
西田研志『サルでもできる弁護士業』幻冬舎メディアコンサルティング、二〇〇八年
日本鉄道旅行地図帳編集部編『満州朝鮮復刻時刻表』新潮社、二〇〇九年
福富太郎『昭和キャバレー秘史』文藝春秋、二〇〇四年
レボー、アダム著、副島隆彦監訳、古村治彦訳『バーナード・マドフ事件　アメリカ巨大金融詐欺の全容』成甲書房、二〇一〇年
連合国最高司令官総司令部編纂、天川晃ほか編『GHQ日本占領史　第16巻』日本図書センター、一九九六年
渡部昇一、大島健伸『異端の成功者が伝える億万長者の教科書』ビジネス社、二〇〇四年

著者紹介

1968年愛知県生まれ．93年早稲田大学教育学部卒業，日刊工業新聞社を経て98年から東洋経済新報社記者．2009年に同社を退社，現在はフリーランスのジャーナリスト．著書に『ドキュメント　ゼネコン自壊』(2002年)，『粉飾の論理』(2006年)，『兜町コンフィデンシャル』(2009年，いずれも東洋経済新報社)．

凋落　木村剛と大島健伸

2011年 3 月10日　発行

著　者　高橋《たかはし》篤史《あつし》
発行者　柴生田晴四
発行所　〒103-8345 東京都中央区日本橋本石町 1-2-1　東洋経済新報社
電話　東洋経済コールセンター03(5605)7021
印刷・製本　東洋経済印刷

Printed in Japan　ISBN 978-4-492-65440-8　http://www.toyokeizai.net/